KT의 인사시스템과 기업문화

서울대학교 경영연구소
기업경영사연구총서 35

KT의 인사시스템과 기업문화

펴낸곳 서울대학교출판문화원
펴낸이 오연천
지은이 김성수

초판 1쇄 인쇄 2013년 2월 25일
초판 1쇄 발행 2013년 2월 28일
출판등록 제15-3호

주소 서울 관악구 관악로 1 우편번호 151-742
대표전화 02-880-5252 **팩스** 02-888-4148
마케팅팀(주문상담) 02-889-4424, 02-880-7995
이메일 snubook@snu.ac.kr
홈페이지 www.snupress.com
영문홈페이지 eng.snupress.com

ISBN 978-89-521-1437-2 94320
세트 978-89-521-1016-9

본 연구총서는 서울대학교 발전기금 연구비 및
서울대학교 경영연구소 연구비 지원에 의하여 이루어졌음.

서울대학교 경영연구소 기업경영사연구총서 35

KT의 인사시스템과 기업문화

김성수 지음

서울대학교출판문화원

Organizational Culture and Human Resources System of KT Corporation

Seongsu Kim

Seoul National University Press

머리말

체신부 산하 조직으로 출범한 KT는 통신업의 중요성이 부각되면서 공사로 전환되었다가 민영화되는 역사를 거쳤다. 사업 분야도 유선사업에서 시작하여 기술과 시장의 발전에 따라 무선사업, 데이터, 콘텐츠, 금융 등 다양한 영역으로 확대되고 있다. 현재 KT는 '글로벌 ICT 컨버전스 리더'라는 비전을 달성하기 위해 크게 통신, 컨버전스, IT 서비스, 미디어/콘텐츠의 네 가지 사업 분야에 진출해 있다.

시장과 기술의 변화에 따라 탈통신사업과 컨버전스에 초점을 두었고, 자연스럽게 컨버전스와 IT 서비스 분야에 진출하게 된 것이다. 새로운 스마트 시장의 개척에 따라 미디어와 콘텐츠 사업의 중요성이 대두하면서 관련 분야에도 진출하여 계열사가 늘어나게 되었다. 특히 모바일 환경과 변화 및 혁신이 날로 중요해지는 통신사업의 추세에 발맞추어 KT는 스마트워킹, ACTION이라는 핵심가치와 GWP(Great Work Place) 운동 등 새로운 변화를 끊임없이 추구하고 있다.

이 책은 이처럼 변화하는 시장의 요구에 따라 변신을 거듭해 온 KT의 전략적 변화를 살펴보고, 그 과정에서 KT의 인사시스템과 조직문화가 어떤 역할을 수행해 왔는지를 자세히 기술하고 있다. 서울대학교 경영대학 MBA 과정에서 경영사례로 교육하기 위해 기획된 이 책의 저술을 위해 기업 내부 자료 제공에 적극 협조해 준 KT 측에 이 자리를 빌려 감사 드린다. 그리고 자료의 정리와 저술에 커다란 도움을 준 석사 과정 이지인 씨에게 깊은 감사의 뜻을 표한다. 마지막으로 이 책이 KT와 통신업에 관심 있는 모든 이들에게 자그마한 도움이라도 되기를 바란다.

2013년 2월
눈 덮인 관악산을 바라보며
김성수

차례

제Ⅲ장 KT의 인사시스템

제Ⅳ장 KT의 기업문화

표 차례

그림 차례

제 I 장

KT의 역사와 사업 분야

1 KT의 역사

1) 유선 시대: KT의 초기 역사

1960년대 초부터 한국 경제가 빠른 속도로 성장하면서 전화 가입자 수도 증가하기 시작했다. 1970년대 중반부터는 민간의 전화 수요가 폭발적으로 증가했지만 이를 지원할 시설과 역량이 부족하여 전화보급률은 10%대를 넘지 못하고 있었다. 당시에는 통신 사업을 체신부에서 관장했으나 지속적으로 장비를 보충하고 통신 시스템을 구축하기 위해 정부 부처 산하에서 독립시켜야 할 필요성이 대두되었다. 정부는 공사화된 기업으로의 변화가 필요하다고 판단하고 1978년부터 변화를 모색하기 시작했고, 새로운 정부가 들어선 1980년 전기통신산업의 공사화가 급격히 진행되었다. 1981년에는 통

〈그림 I-1〉 한국전기통신공사 발족 기념우표

발 행 일	1982년 1월 4일
우표번호	1247
액 면	60 원
디 자 인	전자식전화기와 안테나
색 색	4도색
판 식	그라비아
인 면	가로 23mm, 세로 33mm
천 공	13
용 지	백색 무투문지
시이트구성	25매(가로 5매, 세로 5매)
디자이너	김 성 실
발행수량	4,000,000매
인 쇄 처	한국 조폐공사

Date of issue	January 4, 1982
Stamp No.	1247
Denomination	60 won
Design	Push button Telephone & Antenna
Color	4 colors
Printing process	Photogravure
Size of impression	23×33mm, vertical
Perforation	13
Paper	White Unwatermarked
Sheet Composition	25(5×5) Stamps
Designer	Kim sung-sil
Quantity	4,000,000 Stamps
Printer	Government Printing & Mint Agency of the Republic of Korea

※ Orders for Korean stamps may be placed with;
1. Seoul Central Post Office, Seoul, 100, Korea
2. Korean Philatelic Center, Bando Sangsa Co., Ltd.
CPO Box 1899, Seoul, Korea
TELEX No. K27266 K27470
K23708 K23709

대한민국 체신부 MINISTRY OF COMMUNICATIONS REPUBLIC OF KOREA

신산업 경영체제 개선을 위한 계획이 수립되었고 1982년에는 한국전기통신공사가 한국전기통신공사법에 따라 '합리적이고 책임 있는 경영체제하에 공중 전기통신사업을 수행하여 국민의 편익 증진과 공공복지에 항상 기여함'이라는 표어를 내걸고 발족하였다. 이것이 KT의 시발점이었다.

한국전기통신공사는 설립되던 해에 국내용 인터넷(SDN)을 최초로 개통하고, 다음 해인 1983년에는 국내 기술로 개발한 시내·외 겸용 공중전화기(DDD)를 최초로 설치했으며, 1984년에는 시외 자동전화망을 완성하였다. 1987년 전국 전화광역자동화가 완성되면서 우리나라는 전화 1천만 회선 시대를 열게 되었다.

2) 무선 시대: 1990년대

1980년대가 유선전화의 보급을 이룬 시기라면 1990년대는 무선통신의 눈부신 발전을 이룬 시기라고 할 수 있다. 그러한 발전을 가능하게 한 원동력 가운데 하나가 '국내 단독 위성의 확보'였다. 1990년 KT는 통신시장의 성장을 내다보고 단독 투자를 통해 국내 위성 확보를 계획하고 이를 추진하였다. 1995년 발사한 무궁화 위성 1호는 위성비디오 중계 서비스, 뉴스 현장중계, 케이블 TV 중계 등의 역할을 했지만 예상보다 수명이 빨리 줄어들었다. 이에 따라 1996년에 발사된 무궁화 위성 2호가 안정적으로 자리를 잡으면서 사실상 국내 최초의 방송통신위성이 되었다. 그리고 이를 기반으로 1999년에는 기술과 용량 면에서 개선된 초고속 – 광대역 멀티미디어 서비스가 가능한 무궁화 위성 3호를 발사하였다. 이로써 농어촌까지 인터넷과 멀티미디어 서비스를 제공할 수 있게 되었고 서비스 지역이 동남아시아까지 확대되었다. 단독 위성을 확보하기 위한 이러한 KT의 노력은 무선통신뿐만 아니라 훗날 2000년대 네트워크 발달에도 큰 영향을 주었다.

위성통신의 입지를 확보함과 동시에 1990년대에는 뉴미디어 사업을 개시하였다. 그 일환으로 비디오텍스[1] 사업을 전개하며 1991년에는 첨단통신을 의미하는 'High Telecommunication'의 약자인 '하이텔(HITEL)'을 선보였다. 이후 하이텔 사용자의 급증으로 수많은 정보가 축적됨에 따라 넘쳐나는 정보를 관리하고 비디오텍스 사업을 발전시키기 위해 데이터베이스를 전담할 한국PC통신(주)까지 창립되었다. 한국PC통신은 인터넷 문화를 만들기 위한 새로운 콘텐츠 사업과 CATV 사업까지 역량을 넓혀 나갔다.

위성통신의 발전과 함께 유선전화는 2천만 회선을 돌파했으며 PCS 사업을 통해 휴대폰의 보편화가 이루어졌다. KT도 1995년 무선사업본부를 만

---

1) 문자와 도형으로 구성된 화상정보를 공중통신망과 전용 단말기를 통해 이용자가 필요에 따라 정보를 검색하는 시스템을 말한다.

접속의 추억… PC통신 '하이텔' 20년 역사 마감

"ATDT(PC통신 모뎀 전화 걸기 명령) 01410…삐이이."

이런 소리와 함께 접속되던 추억의 PC통신 '하이텔'이 역사 속으로 사라지게 됐다. 인터넷 기업 KTH가 최근 포털 사이트 파란의 서비스 종료를 선언하면서, 1992년부터 20년간 명맥을 이어오던 '하이텔'의 자료도 대부분 소멸되고 하이텔 시절부터 이어져온 동호회 150개도 문을 닫게 됐다. 하이텔은 지난 2004년부터 파란에서 서비스를 이어왔다.

KTH는 서비스 종료를 앞두고 2일부터 이메일, 블로그 등의 자료를 포털 다음으로 옮기는 '이전 신청'을 받고 있다. 하지만 하이텔 시절부터 이어온 150여 개 동호회를 비롯, '클럽'(카페 · 커뮤니티와 비슷한 서비스) 약 20만 개는 오는 31일 서비스가 종료된다.

KTH는 10월 4일까지 클럽 자료를 내려받을 수 있도록 하고 있지만, 저작권 문제 때문에 본인이 쓴 글만 저장할 수 있다. 이에 따라 클럽에 축적된 거의 모든 데이터는 3개월 뒤에 자동 소멸될 것으로 보인다.

서비스 종료 소식이 전해지자 "오랜 추억이 모두 사라진다니 정말 아쉽다"거나 "남아있는 게시물을 모아 따로 사이트를 만들겠다"면서 폐쇄를 아쉬워하는 회원들의 글이 잇따르고 있다. (조선일보 2012-07-03)

들어 PCS 사업에 뛰어들 준비를 했고, 1996년 LG텔레콤(현 LG 유플러스), 한솔PCS와 함께 정부로부터 사업권을 부여받았다. KT는 1996년 12월 자회사 KTF(한국통신프리텔)를 설립하고 상용 서비스를 위해 기지국을 건설하고 대대적인 마케팅을 추진하였다. 또 최초로 식별번호 016을 활용한 'PCS016' 브랜드를 선보이면서 가입자 수를 늘려 나갔다. 1997년 말에 시작된 PCS 상용 서비스는 6개월 만에 100만 가입자를 확보하고 1년 후에는 300만 가입자 수를 달성하였다. 이런 빠른 발전은 KT가 KTF를 세우고 PCS 사업에 뛰어들

당시 승산이 거의 없을 거라던 외부 기업과 전문가들의 예상을 완전히 뒤엎는 결과였다. 그 상승세는 계속 이어져 KT는 PCS 사업자 중 2위를 차지하고 최단기간에 500만 고객 수를 돌파하여 기네스북에 등재되기도 했다. 이렇게 1990년대는 유선통신의 발전을 넘어서 무선통신의 발달이 시작된 시기였다.

3) 네트워크 시대: 2000년대

2000년대에는 1990년대에 시작된 무선사업이 발전함과 동시에 네트워크 통신 시대가 열렸다. 1998년 여러 기업에서 케이블 모뎀을 이용한 초고속 인터넷 서비스를 내놓기 시작했는데, 하나로통신은 1999년 최초로 ADSL을 활용한 초고속 인터넷 서비스를 개시하고, 조기진입의 장점(first mover advantage)을 이용하여 가입자 수를 빠른 속도로 늘려 나갔다. 이에 비해 KT의 시작은 빠르지 않았지만, 오히려 KT의 저력을 다시 한번 세상에 알리는 기회로 삼았다. 오랜 역사만큼 다른 기업들에 비해 풍부하게 축적된 연구 결과와 인프라, 역량을 보유한 KT는 이를 이용하여 2000년 5월 '메가패스(Megapass)'라는 초고속 인터넷 통합 브랜드를 내놓으며 시장점유율 1위를 달성하였다. 그 후 4개월 만에 100만 고객을 돌파하고, 다음 해 1월에는 500만 고객을 돌파하면서 시장점유율 50%라는 놀라운 성과를 이루어냈다.

ADSL 기반 초고속 인터넷은 치열한 경쟁 속에 퍼져 나갔고, VDSL(Very high-data rate Digital Subscriber Line, 초고속 디지털 가입자 망)을 기반으로 한 서비스가 새로 등장했다. KT는 2002년 7월 국내 최초로 VDSL 서비스를 상용화하면서 포화하기 시작하는 초고속 인터넷 시장에 홈 네트워킹 서비스, HDTV, 타임코디와 같은 다각화된 서비스를 기반으로 시장을 넓혀 나갔다.

KT는 2002년 초고속 유선 인터넷 서비스뿐만 아니라 무선 인터넷 서비스인 네스팟(NESPOT)을 본격 상용화하기 시작했다. 네스팟 가입자들은 네스팟 존에서 노트북과 같은 개인용 단말기로 인터넷을 마음껏 사용할 수 있게 되면서 집에서뿐만 아니라 전철을 이용하여 이동중일 때나 학교 캠퍼스, 음식점, 카페에서도 초고속 인터넷을 자유롭게 사용할 수 있게 되었다. KT는 무

〈그림 I-2〉 2003년 당시 초고속 인터넷 메가패스 광고

선 인터넷의 발전과 함께 일찍부터 유무선의 통합을 추진해 나갔다. PCS와 IMT-2000망을 성공적으로 연동시키면서 향후 유무선 통합시장에서 유리한 위치에 섰다. 이후 2003년 2월에 네스팟 서비스와 KTF의 CDMA 망을 이용한 무선 데이터 서비스를 결합시킨 네스팟 스윙(Nespot Swing)을 통해 다시 한번 통합시장으로의 발전 의지를 확고히 했다.

1990년대 말부터 2000년대 초반 우리나라 통신 네트워크 분야의 눈부신 발전에 기여한 KT는 고객만족을 위한 노력도 게을리하지 않았다. 2005년 1월에는 품질 만족도를 개선하기 위해 국내 최초로 모든 네트워크를 요소별로 속도와 품질을 측정할 수 있는 '인터넷 서비스 구간별 품질 측정 기술'을 개발했다. 이 기술은 향후 고객만족 서비스 발전의 기반이 되었다.

'광랜시장'에서 인터넷 업체들 간에 극심한 경쟁이 시작되자 많은 경쟁자 속에서 KT는 차별화된 전략을 펼쳤다. 대도시의 아파트나 빌딩 숲을 공략한 다른 업체들과는 달리 KT는 통신소외지역이 없도록 농촌과 도서지역에까지

〈그림 I-3〉 인터넷 이용률과 이용자 수 변동 추이

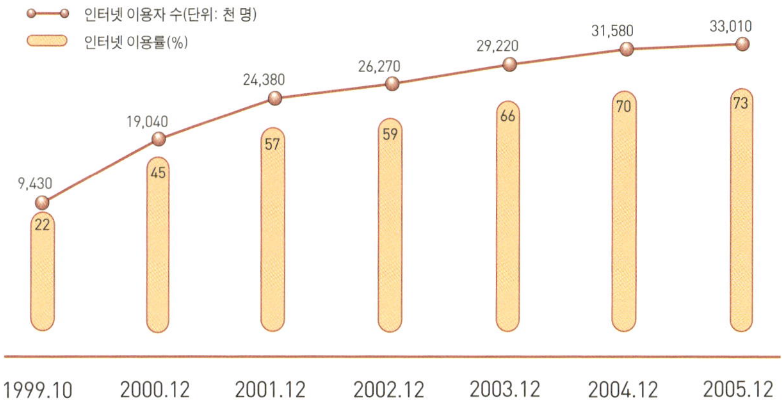

인터넷 서비스를 제공하는 데 초점을 두었다. 또 초고속 무선 인터넷 서비스 영역을 넓히기 위해 각종 편의시설 및 음식점과 제휴를 맺어 네스팟 존을 꾸준히 늘려 나갔다. 2006년에는 메가패스와 네스팟을 결합한 상품을 내놓는 등 기술개발도 게을리하지 않았다. 더 나아가 무선 광대역 인터넷인 와이브로(Wibro)까지 내놓았다. 이런 초고속 인터넷 발전의 흐름 속에서 남북한 간 최초 광통신망을 개통하면서 인터넷 서비스의 새로운 발판을 마련했다.

KT는 초고속 인터넷뿐만 아니라 이를 기반으로 한 '비즈메카(Bizmeka)'를 선보였다. '비즈메카'를 통해 관리 서비스가 주력 서비스에만 묶여 있었던 데에서 벗어나 인사, 영업, 고객관계, 공급망 등을 통합하여 관리하는 중소기업 비즈니스 서비스를 제공하게 된 것이다.

비즈메카의 성공을 위해서는 무엇보다도 인프라를 개발하고 안정시키는 것이 급선무였다. 그래서 KT는 2001년 10월 아시아 최대 규모의 인터넷 데이터 센터인 KT-IDC를 개관했다. 이런 인프라 구축에 힘입어 2003년부터는 비즈메카 인테리어, 비즈메카 교회마을, 비즈메카 유통 SCM, 비즈메카 유헬스 등 비즈메카를 활용한 차별화된 솔루션 제공 서비스를 선보였다. 각 기업에게 맞춤형 관리 서비스를 제공하는 비즈메카 서비스는 매년 100% 이상

〈표 I-1〉 초고속 인터넷 서비스 가입자 추이(2004~2007.3)

(단위: 천 명, %)

구분	2004	2005	2006	2007. 3
KT	6,078(51.0)	6,242(51.2)	6,353(45.2)	6,450(45.3)
하나로텔레콤	2,747(23.1)	2,773(22.7)	3,613(25.7)	3,647(25.6)
두루넷	1,288(10.8)	837(6.9)		
온세통신	391(3.3)	353(2.9)	220(1.6)	113(0.8)
데이콤	206(1.7)	213(1.8)	112(0.8)	98(0.7)
드림라인	134(1.1)	100(0.8)	28(0.2)	16(0.1)
파워콤	-	262(2.1)	1,204(8.6)	1,330(9.4)
부가/별정	1,075(9.0)	1,411(11.6)	2,513(17.9)	2,576(18.1)
계	11,921(100)	12,191(100)	14,043(100)	14,230(100)

* 자료: 정보통신부(2007)

의 성장률을 기록하면서 기업들의 성공 파트너로 확고히 자리를 잡게 된다. 그 결과 비즈메카는 2004년 한국전자상거래대상에서 비즈니스 부문 대상을 받기에 이르렀다. 2005년에는 사업의 급격한 발전에 발맞추어 보안에도 각별한 신경을 쓰기 시작하여 통합보안시스템을 구축함으로써 24시간 감시가 가능하도록 했다. 비즈메카는 초고속 인터넷 선두자의 이점을 살려 사업을 확장한 성공 사례라고 할 수 있다.

광통신이 발전을 이룬 1990년대 말과 2000년대 초는 경제위기로 인해 국가적으로 혼란스러운 시기였고 이에 따라 KT도 큰 변화를 겪게 되었다. IMF 이후 김대중 정권이 출범하고 경제위기에 대한 해답으로 시장개방과 신공공관리론[2]을 중시하는 분위기가 조성되었다. 신정부 100대 과제로 정해져 한국전기통신공사법이 폐지되고 민영화법이 재정되는 과정을 거쳐 71%가 넘던 정부 보유 주식이 완전히 매각됨에 따라 KT는 완전히 민영화되었다.

2) 시장주의와 신관리주의의 결합으로 정부의 규모와 기능을 줄이고 전통적인 관료제에서 벗어나 성과주의 실현을 내용으로 하는 이론이다. 즉 기존의 독점적 정부 서비스에 경쟁과 고객선택권을 최대한 적용하여 행정 서비스를 제공하는 것을 말한다.

〈표 I-2〉 정부 보유 KT 지분의 매각 과정

시기	내용
1987. 3	정부, 정부투자기관 보유 지분 단계적 매각 방침 결정
1987. 5	정부, '공기업 민영화 추진계획' 발표
1988. 8	KT, 민영화 추진위원회 발족
1989. 12	전기통신기본법, 공중전기통신사업법, 한국전기통신공사법 등 관련 법 국회 통과, 주식회사 체제로 전환
1993. 10	7회에 걸쳐 정부 보유 지분(28.8%) 매각(~1996. 12)
1997. 7	'공기업의 경영구조 개선 및 민영화에 관한 법률'과 '한국전기통신공사법 폐지법률' 국회 통과
1997. 9	임시주총, 정관 변경, 정부출자기관으로 전환
1998. 7	정부 '공기업 경영혁신과 민영화 계획' 수정 확정(KT 민영화 계획 포함)
1998. 12	국내 증시 상장
1999. 5	25억 달러(14.4%) 해외 DR 발행
2001. 2	국내 매각(1.0%)
2001. 7	22억 4천만 달러(17.8%) 2차 해외 DR 발행
2002. 1	18억 2천만 달러(11.8%) 해외 EB 및 Microsoft와의 제휴로 BW 발행
2002. 5	국내 매각(28.4%)으로 정부 지분 완전 해소

민영화된 후 2002년 8월 이용경 사장이 취임함에 따라 KT는 다시 새로운 경주의 출발선에 서게 된다. KT는 더 이상 정부의 관여를 받는 기업이 아니라 민간 주주들과 함께 의견을 나누고 다른 회사들과 경쟁하여 살아남아야만 하는 사기업이 되었다. 이에 따라 민간 주주들과 자율적인 경영체제를 확립해 나가기 위한 변화가 시작되었다. 전문 경영인 체제를 도입하여 소유와 경영을 확실히 분리하고, 사외이사제도를 통해 일부 경영인의 부실경영을 감사하는 기능을 강화하였다. 이전에 기업 내의 권력이 집중되어 있었던 데에서 벗어나, 건강한 사기업을 만들기 위해 회사의 권력과 기능을 분산시켰다. 이용경 사장은 취임 시 "세계 IT 산업 주도, 변화를 선도하는 강한 기업, 주주

〈표 I-3〉 KT 기업지배구조의 변천 과정

2002~2003	2004~2005	2006~2007
• 이사회 의장 분리 • CEO 경영계약 • 집중투표제 도입 • 사외이사 후보 추천위원회 및 감사위원회 도입	• 사외이사 비중 확대 (사외 9명, 상임 6명 → 사외 8명, 상임 4명) • 사외이사 후보 인선 자문단 도입 • 서면투표제 도입	• 사외이사 비중 확대 (사외 8명, 상임 4명 → 사외 8명, 상임 3명) • 이사회 평가 시행 • 사외이사 임기 제한(1회 중임) • 사외이사 활동비로 주식 매입 • 이사회 의장 직무기술서 도입

가치와 종사원 가치의 조화"를 외치며 새로운 경영 방향을 제시하고, 형식적 민영화가 아니라 근본적인 혁신을 이루는 진정한 민영화를 이루겠다는 의지를 확고히 했다. 그래서 그 이후에도 계속하여 사외이사의 비중을 점차 확대하고 이사회 평가까지 시행하는 등 투명한 기업경영을 위해 지배구조를 계속해서 수정해 나갔다(〈표 I-3〉 참조). KT는 이사들이 회사에 대한 책임감과 주인의식을 높이기를 원했고 그 방법을 다방면으로 마련해 나갔다. 이런 노력이 계속되자 2006년에는 자발적으로 사외이사들이 매월 활동비로 회사 주식을 매입하기도 했다. 이런 변화들은 KT가 2002년 이후 매년 지배구조 최우수기업에 선정되는 원동력이 되었고, 이는 2007년 지배구조 명예기업으로의 승격으로 이어졌다.

2003년 이용경 사장은 시무식에서 경영의 기반을 고객 우선의 변화와 혁신, 신뢰 경영에 둘 것을 선포했다. 혁신을 통해 민영화를 이루고, 발전 가능성이 높은 분야에 집중 투자함으로써 사업 경쟁력을 극대화하며, 다른 기업과 다양한 협력을 도모하면서 윤리적으로 깨끗한 KT를 만드는 것을 목표로 내세웠다. 이와 함께 민영화의 근본인 '고객 가치와 주주 이익의 극대화'에 초점을 맞춘 대규모 조직개편과 임원 인사를 단행하였다. 기존에는 크게 마케팅 본부와 네트워크 본부로 나누어지는 구도였으나 마케팅, 기획, 영업, 고객서비스 기능을 기준으로 세분화하고 사업밀착형 R&D 체제를 위해 하나로 모여 있던 R&D 부서를 분산시켰다. 또 민영화 이후에도 국민 기업으로서 사회적 책임을 다하기 위해 사헌공헌팀을 개설하고, 경영품질 개선을 위해 6시그마 혁신을 주도할 품질경영실을 CEO 직속으로 신설했다. 본사뿐만 아니라 사업 부서 전체를 포괄하는 이러한 대대적인 조직개편에는 새롭게 시작하려는 KT 경영진의 의지가 반영되어 있었다.

KT는 이런 변화 속에서 네트워크뿐만 아니라 이동통신 시장에서도 엄청난 업적을 이루었다. KTF는 2003년 7월 'Have a good time'이라는 슬로건으로 내걸고 '굿 타임 경영'을 선포하면서 고객만족경영을 전사적으로 펼쳤다. 2003년 이미 포화상태인 이동통신 시장에서 살아남기 위한 유일한 대안은 이전까지와는 다른 혁신적인 경영이라는 점을 직시하고 전사 차원에서 '고객만족경영'이라는 방침을 세우고 펼쳐 나간 것이다.

KT의 위기이자 기회는 2004년에 찾아왔다. 2004년 1월 이동통신회사를 바꾸더라도 휴대폰 번호는 그대로 유지할 수 있는 번호이동성제도가 시작되었기 때문이다. 이제 사용자들은 번호의 이미지에 얽매이지 않고 이동통신회사를 선택할 수 있게 되었다. 따라서 이전까지 시행해 오던 '번호마케팅'이 무의미해진 상황에서 KTF는 이를 기회로 시장에서 주도권을 확보하기 위해 과감하게 무제한 요금제를 포함하여 고객을 고려한 다양한 정액 요금제를 선보였고, 단말기 전환 비용도 대폭 감축하여 통신사 이동의 장벽을 낮추었다. 그 결과 번호이동성제도를 시행한 지 2개월 만에 번호이동고객 30만명을 포함하여 신규 고객 100만 명이라는 엄청난 성과를 이루어 냈다. 11개월간 117만여 명의 소비자들이 KTF로 옮겼다. 위기가 될 수 있었던 시간을 기회의 시간을 보고 능동적으로 대처한 결과였다. 그 후에도 '디자인 경영'을 통해 다양한 고객의 필요를 충족시킬 뿐만 아니라 그 이상의 만족을 위해 차별화된 감성과 환경을 제공하고자 노력하였다.

4) 스마트 시대: 2010년 이후

2010년 이후 스마트폰 혁명은 국민 개개인의 삶의 질을 향상시키고, 더 나아가 기업의 경쟁력 향상을 위한 기반을 마련하였다. 스마트 시대를 맞이한 KT는 이전까지 유무선 통신의 발전과 융합을 이룬 성과에 이어서 세계 최고 수준의 무선 인터넷을 구축하고 음성통화 중심의 이동통신 시장을 데이터 통신 중심으로 바꾸어 놓았다.

2009년 당시 3세대 음성통화 시장은 포화상태였기 때문에 통신업계에 또 한 번의 변화가 필요한 시기였다. 대부분의 국민이 휴대폰을 소유하고 있는 상태에서 가입자 수를 더 늘리거나 개선하는 것이 어려웠기 때문에 KT는 음성통화 중심에서 새로운 통신으로의 변화를 꾀하기 시작한 것이다.

2009년 즈음에도 휴대폰으로 무선 인터넷을 이용할 수 있었지만 높은 이용 요금 등으로 인해 휴대폰으로 무선 인터넷을 사용하는 것은 보편화되지 못했고 사용자 수도 적었다. 그리고 유무선 통신의 융합이 제대로 이루어지지 않아 대부분 유선과 무선을 다른 단말기로 사용했기 때문에 그 당시 체제를 기반으로 획기적인 변화를 가져오는 데에는 어려움이 있었다. 게다가 무선 인터넷용 단말기도 마땅치 않았다.

이때 2009년 취임한 이석채 회장은 강력한 전환을 추진했다. 2009년 11월 무선 인터넷 요금을 약 90% 대폭 인하하면서 이동통신 데이터 요금 제도를 바꾸는 한편, 국내 최초로 아이폰을 도입하여 아이폰 가입자 수만 2010년 100만 명을 넘어섰다. 이와 함께 스마트폰 보급률이 기하급수적으로 증가하고 3G 통신망의 확장과 개선도 이루어졌다. 이러한 연장선상에서 KT는 스마트폰뿐 아니라 스마트 패드의 보급도 이루어냈다.

그리고 2년 뒤 KT는 더욱 발전된 형태의 가상화 기술을 세계 최초로 적용한 LTE WARP 서비스를 개시하였다. KT의 LTE 개발은 LG나 SK에 비해 다소 시작은 늦었지만, 네트워크나 기술 면에서 뒤지지 않기 때문에 충분히 승산이 있다고 내다보고 있다.

현재 통신시장의 장래가 그다지 밝지 않다는 전망이 지배적이다. 스마트

〈그림 I-4〉 빠른 속도를 강조한 LTE WARP 광고

폰이 보급됨에 따라 데이터 이용과 통신기기의 생활화가 이루어져 가지만 실제 통신업체 수익으로 연결되는 부분이 미비하여 이에 대한 대책이 필요하다고 보이기 때문이다. 가장 대표적인 원인은 각종 모바일 서비스의 발전과 등장이다. 무료 모바일 인터넷 메신저(MIM)와 무료 모바일 인터넷 전화(mVoIP)가 그 예이다. 이런 서비스와 파격적인 요금제로 네트워크 통신량이 증가하여 통신망에 투자할 비용이 더 늘어나게 되었다.

실제로 KT의 2012년 2분기 영업이익은 지난 분기에 비해 35% 감소하고 당기순이익도 43% 정도 감소하였다(〈표 I-4〉 참조). 이뿐만이 아니라 KT 가입자당 평균매출(APUR)은 2010년 2분기부터 꾸준히 하락해 왔다. 국제 신용평가도 부정적이다. 스탠다드 앤드 푸어스(S&P)는 지난 6월 KT의 신용 등급 전망을 '안정적'에서 '부정적'으로 낮췄다. 무디스도 무료 인터넷 전화가 통신 3사의 수익성에 악영향을 줄 것이라고 경고하면서 KT에 대한 신용 등급 전망을 부정적으로 제시하고 있다(뉴스이즈, 2012. 9. 1).

이런 상황에서 KT와 이석채 회장은 통신사업의 한계를 절감하고 비통신

〈표 I-4〉 KT 영업수익 및 이익의 변화

(단위: 십억 원)

요약손익	2Q11	1Q12	2Q12	QoQ	YoY
영업수익	5,342.8	5,757.8	5,773.3	0.3%	8.1%
영업비용	4,910.4	5,183.0	5,401.5	4.2%	10.0%
영업이익	432.4	574.7	371.7	-35.3%	-14.0%
Margin (%)	8.1%	10.0%	6.4%		
영업외손익	-71.5	-49.6	-71.3	43.8%	-0.4%
세전이익	360.9	525.2	300.5	-42.8%	-16.7%
당기순이익	420.6	407.6	238.0	-41.6%	-43.4%
Margin (%)	7.9%	7.1%	4.1%		
EBITDA	1,172.9	1,338.0	1,145.0	-14.4%	-2.4%
Margin (%)	22.0%	23.2%	19.8%		

사업에 점점 무게를 싣고 있다. 새로운 소프트웨어의 개발과 더불어 클라우드 컴퓨팅 사업을 추진하고 금호렌터카와 BC카드를 인수하면서 KT의 비전인 IT 컨버전스를 위해 힘찬 발걸음을 내딛고 있다. 국내뿐만 아니라 해외로도 영향력을 지속적으로 확장해 나가고 있다. 현재 전략적 지분투자, 국제적 IT 업체와의 파트너십, 공동시장 개척 등 단계를 차근차근 밟아 나가고 있고 그 수익성도 매년 증가하는 추세이다.

2 KT의 사업 분야

KT의 주요 사업 분야는 통신사업이지만 통신사업의 침체가 예상되고 비통신사업의 중요성이 커짐에 따라 적극적으로 사업 다각화를 추구해 온 결과 2012년 계열사는 KT를 포함해서 51개로 구성되어 있다. 이석채 회장 취임

〈그림 I-5〉 KT의 계열사 현황(2011)

전 30개사 체제였던 것과 비교하면 21개사가 늘어난 규모다. 매우 급격한 증가이기도 하지만, 통신업계가 침체하는 상황을 고려할 때 기업의 생존을 위해 필요한 방향으로 보인다.

계열사는 크게 네 가지 사업 분야(통신, 컨버전스, IT 서비스, 미디어/콘텐츠)로 나뉜다. 이석채 회장이 취임한 이후 탈통신사업과 컨버전스에 초점을 두면서 주력 산업이던 통신 분야보다 컨버전스나 IT 서비스 분야에 새로운 계열사들이 많이 등장하였고, 스마트 시장의 개척에 따라 미디어와 콘텐츠 사업의 중요성이 대두하면서 관련 분야에도 진출하여 계열사가 늘어났다.

IT 서비스 영역에서는 KT이노츠가 중요한 역할을 하고 있다. KT이노츠는 차세대 정보통신 핵심기술 개발을 위해서 국내 소프트웨어 선도기업인 티맥스소프트와 공동으로 설립한 법인이다. KT 그룹에서 핵심 소프트웨어 개발과 기술지원을 수행하고 있으며, 요즘 대두하는 스마트폰 관련 미들웨어 클라우드 스토리지 분야의 연구개발과 플랫폼을 구축하고 있다. KT이노츠는

90%가 소프트웨어 개발 인력으로 구성되어 있으며, 프로젝트 단위에 따른 조직구성을 통해 빠르고 유연한 벤처형 기업 형태로 운영되고 있다. 클라우드 컴퓨팅 분야에서 높은 기술력을 인정받은 벤처기업으로, KT와 합병된 '넥스알'도 이에 힘을 실어주고 있다. 대용량 분산 저장 · 처리 기술은 가상화와 더불어 클라우드 컴퓨팅의 핵심기술 중 하나지만 주로 국외에서 개발되는 등 기술 장벽이 존재했으나 KT넥스알의 등장으로 해외에 의존하지 않고 해결할 수 있게 된 것이다. KT는 넥스알의 인수와 함께 인텔, HP, 마이크로소프트, 씨트릭스와의 협력을 통해 클라우드 경쟁력을 확보해 나간다는 목표를 갖고 있다(블로터닷넷, 2010. 12. 8).

컨버전스 영역에도 눈에 띄는 계열사들이 많다. KT렌탈은 통신 관련 장비 사업을 하던 한국통신진흥주식회사에서 시작되었으나 지금은 자동차, 건설기계, 의료장비, 골프채 등 다양한 분야로 뻗어 나가고 있다. KT의 통신 분야 설비 비법을 이어받아 계측기를 제공하고 건설사나 건설장비 이용 법인을 대상으로 건설기계도 대여하고 있다. 노트북부터 복합기까지 그리고 공공기관부터 개인까지 각각에 맞는 OA 서비스를 제공하고 있다. 게다가 2010년 KT금호렌터카까지 더해져 사업 다각화가 더욱 활발하게 진행되고 있다.

KT는 금융사업에도 진출해 있다. 리스금융, 할부금융, 차량금융, 오토금융, 기업금융 등의 사업 영역을 가지고 있는 KT캐피탈이 있고, 2011년에는 BC카드까지 합병하면서 금융 분야로의 새로운 발전을 꾀하고 있다. KT의 BC카드 합병은 단순히 신용카드 사업에 진출하기 위함이 아니라 통신-금융 컨버전스 차원의 종합 서비스를 제공하기 위한 발판을 마련한다는 데 의의가 있다. 예를 들어, KT와 BC카드의 역량을 통해 모바일 카드, 스마트폰이나 스마트패드를 이용한 결제 프로세스의 개발로 비용 절감과 함께 사용자들에게 한결 편리한 서비스를 제공할 수 있다. 2010년 4월 합병한 Skylife는 다양한 디지털 콘텐츠의 확보로 뉴미디어 시장을 선도하고 있어 KT의 스마트 TV 서비스 전파에 큰 도움이 될 것으로 보인다.

KT에 계열사로 합병된 회사들은 길지 않은 기간에도 불구하고 기업에 크게 이바지하고 있다. KT BC카드는 2012년 2분기 영업 수익이 7,947억 원,

〈그림 I-6〉 2012년 2분기 KT 자회사 재무 분석

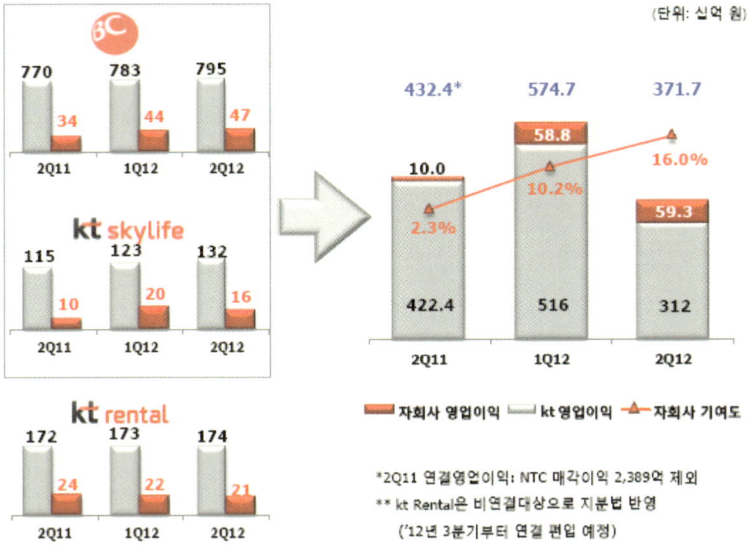

KT Skylife 1,317억 원, KT렌탈 1,737억 원으로 자회사 기여도가 2011년 2~3%였던 것에 비해 16%까지 증가했다(〈그림 I-6〉 참조). 이는 주요 비통신 사업의 기여도가 높아지고 있는 것으로 해석된다.

1) 국내 사업: Olleh 서비스

• LTE WARP: 세계 최초 가상화 CCC(Cloud Communication Center) 기반의 한 차원 높은 4G 서비스로, 3G보다 빠른 속도를 자랑하며 안정적인 음성 통화 품질과 다양한 요금제를 통해 고객을 만족시키고 있다.

• 컨버전스: 인터넷, 집전화, 인터넷전화, TV, 모바일 등 다양한 종류의 기기를 융합하여 서비스를 제공한다. 언제 어디서나 편리하게 작업하고 파일을 이용할 수 있게 만든 U Cloud가 대표적인 서비스라고 할 수 있다.

• 모바일: 스마트폰과 태블릿 기기들로 음성, 문자, 영상, 데이터를 사용할 수 있도록 하는 서비스다.

• WiFi: 국내는 물론 해외까지 편리하게 무선통신을 사용할 수 있도록 곳곳에 WiFi Zone을 제공한다. 대중교통수단이나 사람들이 많이 모이는 지역을 중심으로 제공하고 있다.

• 4G Wibro: WiFi Zone에 제한받지 않고 더 빠른 서비스를 편리하게 이용할 수 있도록 도와주는 무선 광대역 인터넷 서비스다.

• 인터넷: KT의 오랜 주력 사업인 인터넷은 그만큼 만족도도 높고 대한민국 대표 브랜드에 걸맞은 안정된 품질과 속도를 자랑한다. 전국 모든 곳에서 100M 속도로 인터넷 사용이 가능하다.

• TV: 국내에서 가장 많은 채널을 원하는 시간에 고품질로 이용할 수 있다. 최대 9만 편의 각종 프로그램을 마음대로 골라볼 수 있으며 스포츠 경기 관람, 쇼핑, 교육까지 가능하다.

• 집전화: 대한민국 최대 고객 수를 보유하고 있으며, 고품질에 저렴한 요금으로 다양한 부가 서비스와 함께 제공된다.

• 인터넷전화: 인터넷망을 이용한 인터넷전화는 시내외 전국적으로 요금이 동일하며 선명한 영상통화까지 이용 가능한 서비스다.

• 스마트홈: 생활에 필요한 각종 서비스를 원격으로 조정하여 이용할 수 있는 스마트 토탈 홈 서비스로, 각종 강좌와 교육을 비롯해 지능형 로봇, 생활편의 정보까지 제공한다.

2) 국내 사업: 기업고객 서비스

(1) 데이터/전용회선

• Olleh Biz Managed: 기업 내 IT 인프라를 구축하기 위해 판매하거나 임대한다. 또한 통합관제 솔루션과 전문인력을 통해 전국 단위 회선과 IT 인프라를 관리하고 보수하여 종합적으로 제공하는 IT 아웃소싱을 맡고 있다.

• Olleh biz kornet premium: 보안, 트래픽 분석, QOS 등 프리미엄 서비스를 제공한다.

• Olleh biz VIPN premium: 기업 전용 MPLS 네트워크를 활용하여 네트

워크 접속과 인터넷 서비스를 기본으로 제공하고, 다양한 부가 서비스도 이용할 수 있도록 한다.

(2) 기업 커뮤니케이션

• Olleh biz 전화 회의 서비스: 기업 내부의 활발한 의사소통을 위해 전화와 웹 서비스를 이용하여 원격 회의를 가능하게 하는 서비스다.

• Olleh biz 인터넷 전화: 고객의 통신환경에 맞는 장비를 임대하여 저렴한 통화료로 전화망 이용이 가능하도록 한다.

• 무료전화 080: 고객의 주문, 예약, 상담 시 전화요금을 기업이 대신 부담하는 서비스다.

(3) 모바일

• Olleh biz mobile office: 기업의 임직원들에게 핸드폰을 통해 공간에 구애받지 않는 업무처리가 가능하도록 도와주는 서비스다.

• Olleh FMC: 핸드폰을 통해 사내에서는 무료 전화가 되도록 하고, 사외에서는 그룹 솔루션이 가능하도록 한다.

• Olleh biz Freezone: 유무선 통합을 통한 국내 무제한 무료 통화와 실시간 복합 커뮤니티 환경을 제공한다.

(4) 대표 인터넷 허브 ICC

• Olleh biz 코로케이션: 인터넷 접속 속도 및 시간, 비용을 절감할 수 있도록 서버를 kt-idc와 직접 접속시키는 서비스다.

• Olleh biz 서버호스팅: IT 시스템을 임대하고 서버 운영과 관리를 지원해 준다.

• Olleh biz 메세징: 대량의 메시지를 발송하는 서비스다.

(5) 비즈솔루션

• Olleh bizmeka smartbiz: 중소기업 경영에 필요한 업무를 종합 소프트

웨어를 사용하여 업무 상황을 한눈에 파악할 수 있도록 도와준다.

• Olleh bizmeka 그룹웨어: 메일, 전자결재, 게시판, 메신저 등 기업 내부 인트라넷 협업 서비스를 제공한다.

• Olleh bizmeka 콜센터: 콜센터 구축에 필요한 시스템을 초기 투자 없이 사용할 수 있도록 아웃소싱해 준다.

(6) 공간솔루션

• Olleh biz digital signage: 다양한 장소와 시간에 각종 광고, 콘텐츠 등을 노출할 수 있는 고객 맞춤형 영상 및 방송을 제공한다.

• Olleh biz MOS: 사회기반시설의 설비에 KT 네트워크를 이용하여 실시간 감시 및 제어를 제공하는 통합 시설물 관리 서비스다.

• Olleh biz-i-cam: 실시간 CCTV 영상 모니터링 서비스를 제공한다.

3) 글로벌 사업

KT는 국내에서 다양한 사업 분야에서 큰 성공을 이루었다. 1980년대 유선전화의 보급부터 2010년도 스마트 시대의 도래까지 KT를 빼고서는 한국의 통신을 논할 수가 없다고 해도 과언이 아니다. 그러나 KT는 이런 성공에 안주하지 않고 세계적인 기업들과 협력하고 대기업 못지않은 역량과 기술을 가지고 있는 중소기업의 플래그십 모델을 통해 세계를 향한 경쟁력을 키

〈그림 I-7〉 세계로 뻗어 나가는 KT의 글로벌 사업 분야

〈그림 I-8〉 KT의 글로벌 네트워크

〈그림 I-9〉 KT의 글로벌 ICT 비즈니스 모델

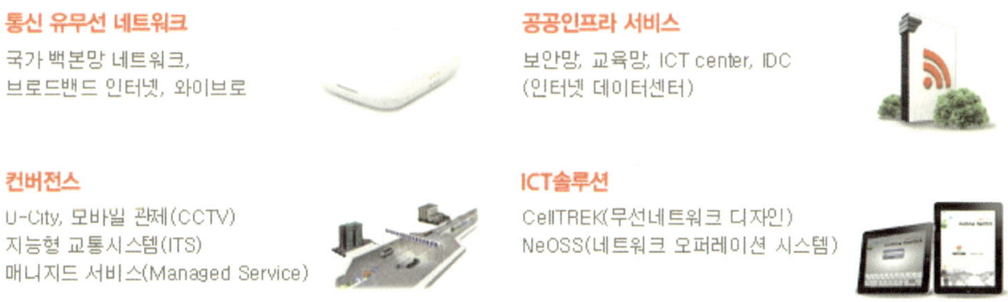

우고 있다. 각국을 대상으로 통신 인프라를 구축하고 공공 인프라 서비스, U-City, 매니지드 서비스(Managed Service) 등 글로벌 ICT 서비스를 준비하고 있다. 또한 위성 Olleh 1호를 이용하여 위성 서비스를 제공하고 있다.

KT는 글로벌 사업의 하나로 직접적 개발 외에 글로벌 투자사업을 벌이고 있다. 대표적인 투자 대상 국가는 우즈베키스탄으로, 우즈베키스탄의 유선사업자인 East Telecom 지분의 약 50%, 무선 초고속 인터넷 사업자인 Super iMax 지분의 60%를 인수하였다. 우즈베키스탄은 중앙아시아로 뻗어

◎ 디지털 컨버전스

디지털 컨버전스는 '디지털 기술로 인해 미디어 환경과 소통양식이 변화함으로써 정보와 콘텐츠가 다른 영역을 넘나들어 부문 간 경계가 약화되고 기존의 이질적 요소들이 수렴 · 혼합되고 변형 · 분화되어 재구성되며, 그를 기반으로 새로운 것을 창조하는 현상'으로 정의될 수 있다. 즉 시장에서 살아남기 위해 새로운 형태의 서비스와 제품을 계속 만들어 가는 자연스러운 변화의 하나다. 새로운 시대에 필요한 유일한 형태라고 할 수는 없지만, 소비자의 목소리를 담은 하나의 획기적인 형태임은 분명하다.

컨버전스가 서로 다른 특성이 있는 요소들을 모으고 합쳐서 새로운 것을 만들어 내는 것인 만큼, 다양한 시장–제품–기술 간의 관계를 파악하는 것이 중요하다. 일단 시장에는 융합 제품 및 서비스를 원하는 소비자들의 욕구가 존재하며, 여기에 융합을 가능하게 하는 CDMA, 무선 데이터, 이동방송 등의 기술이 결합하여 새로운 제품이나 서비스를 만들어 내는 것이다. 좁은 의미의 디지털 컨버전스는 제품 컨버전스와 프로세스 컨버전스를 일컫는 의미로도 정의할 수 있으나, 현실적으로 대부분의 컨버전스 현상은 어느 정도의 디지털 통합을 동반한다. 따라서 디지털 컨버전스는 제품 통합, 제품 컨버전스, 프로세스 통합, 그리고 프로세스 컨버전스를 모두 포괄하는 가치사슬의 재편 과정이라고 할 수 있다.

그렇지만 컨버전스를 도입함으로써 바로 시장에서 우위를 차지할 수 있는 것은 아니기 때문에 경쟁적인 사업에서 우위에 서기 위해서는 조금 다른 각도에서, 뛰어난 기술을 기반으로 한 발전이 필요하다. 디지털 컨버전스는 기술의 빠른 발전 속도 때문에 필요한 기술을 습득하는 것 자체가 어렵다. 따라서 외부와 적절히 협력하는 것이야말로 경쟁적 우위를 차지할 수 있는 현명한 방법의 하나다. 공동산업은 이런 맥락에서 KT의 다양한 합병과 디지털 컨버전스의 선두주자로 나서는 데 큰 도움이 되고 있다(황주성, 2010).

나가기에 유리한 위치에 있기 때문에 이를 발판으로 중앙아시아의 ICT 선두주자가 되는 것이 KT의 계획이다. 그 밖에 몽골도 KT의 주요 공략 국가이다. 몽골에는 국영 통신회사인 MT(Mongolia Telecom)의 대주주로서 그 기업에 참여해 오고 있고 경영 자문을 위해 전문 경영인을 파견하는 등 통신사업 발전에 기여하려고 노력하고 있다. 그뿐만 아니라 각종 솔루션 플랫폼을 각국의 표준에 맞추어 상품화하여 수출하고 해외 기업이나 고객을 위한 컨설팅과 통신망의 틀을 세우는 등 KT는 ICT 시장을 세계로 넓혀 가고 있다.

제 II 장

KT의 가치와 비전

조직의 방향이 명확하면 보유한 역량과 자원을 정확히 한 곳을 향해 쏟아낼 수 있고, 행여 넘어지고 흔들리더라도 다시 일어나 바른 방향으로 나아갈 수 있다. KT는 조직의 방향을 경영이념, 경영방향, 비전, 핵심가치로 나누어 구체화하였다(〈그림 II-1〉 참조).

KT의 경영이념은 'Always Connected'이다. 기존 기업이념인 '정보 · 통신 · 인간의 융화'를 그대로 담아내 재해석한 것이다. 'Always Connected'라는 경영이념을 좀 더 구체화하고, '글로벌 ICT 컨버전스 리더'라는 비전을 이루기 위하여 KT는 'Olleh 경영'이라는 경영방향을 내놓았다. Hello를 거꾸로 하면 Olleh가 되듯, 'Olleh 경영'은 기존 기업들이 하는 방식에서 벗어나 새로운 시각으로 기업을 이끌어 나가려는 의지의 표현이다. 다른 단체나 기업들과 합병을 통해서 '1+1=2'라는 단순한 더하기 효과가 아니라 그 이상의 시너지를 내서 고객가치를 향상하자는 뜻도 담고 있다.

〈그림 II-1〉 KT의 가치체계 피라미드

1 KT의 비전

KT의 비전은 통신사업자를 넘어 글로벌 미디어 유통 그룹으로의 도약을 통해 '글로벌 ICT 컨버전스 리더'로 성장하는 것이다. KT는 이미 유무선 컨버전스를 통해 산업 경쟁력을 향상해 왔고, 지금도 멈추지 않고 다양한 각도로 유무선 융합을 이루어 내고 있다.

첫째로, 클라우드 컴퓨팅 선제 추진을 통해 신(新)성장동력을 발굴했다. 클라우드 컴퓨팅은 간단히 말하자면 사용자가 필요한 소프트웨어 프로그램이나 파일을 통신망 접속을 통해 언제나 사용할 수 있는 환경을 말한다. 구글의 이사회 의장 에릭 슈미트(Eric Schmidt)는 "우리는 이미 인터넷의 미래에 대한 단면을 보기 시작했다. 미래는 클라우드 컴퓨팅 세상이 될 것이다"라고 말하며 클라우드 컴퓨팅의 중요성에 대해 강조한 바 있다. 이에 발맞춰 KT는 클라우딩 기술을 발전시키는 한편, 김해에 클라우드 센터를 구축하고 대지진 이후 일본 기업들의 데이터 센터 이전을 추진했다. 클라우드 컴퓨팅 기술을 기반으로 글로벌 시장 진출을 가속하고 있다. KT는 이를 통해 하드웨어에 구애받지 않고 통신망에 의존하여 문서를 처리하고 프로그램을 이용할 수 있는 시대를 앞당기고 있다.

둘째로, IT와 다른 산업의 융합으로 기존 산업의 경쟁력을 향상시키고 있

〈그림 II-2〉 KT의 비전

다. 농업과 IT를 융합시켜 농가 소득 증가와 농사의 편리성을 도모하고 있으며, 디지털 관제 시스템을 도입하여 버스나 오토바이 같은 이동수단과 IT를 융합하여 안정성과 효율성을 향상시키고 있다. 그뿐만이 아니라 중공업과 IT의 만남은 '세계 최초 와이브로 조선소 구축'이라는 업적을 이루어냈다. 모바일 지갑, 선불형 결제 시스템을 통한 전통시장 활성화 등 금융과 IT의 융합은 금융결제 인프라를 결합하여 국민들의 편의성을 확대했다. 그리고 연세의료원과 손잡고 의료와 IT를 접목하여 ICT 합작법인 '후헬스케어'를 설립하기에 이르렀다.

셋째로, IT를 활용한 스마트워킹을 확산하며 일과 가정의 조화를 구현하고 있다. 2010년 8월 국내 최초로 스마트워킹센터를 개관한 이후 현재 전국에 16개 센터를 구축하여 운영하고 있다. 이 스마트워킹은 KT 내부적으로도 81.5%의 만족도를 보이는 등 긍정적 효과가 큰 것으로 고려되며, 사회적으로도 스마트워킹 확산을 추진 중이다.

이렇게 KT는 이미 컨버전스 시대를 주도하고 있다. 그러나 여기에 안주하지 않고 KT만의 새로운 행동방식으로 자산 기반을 다각화하고 세계로 뻗어나가기 위해 총력을 기울이고 있다. 그리고 이를 바탕으로 단순히 유무선뿐 아니라 더 나아가 IP(Information provider)를 기반으로 한 ICT(Information, Communication, Transaction) 컨버전스를 이루는 것이 바로 KT의 현재 진행형 비전이다.

◎ 중기청-KT, 전통시장 활성화 지원 업무협약 체결

IT 인프라 지원 및 통신-금융 융합 서비스 제공

중소기업청(청장: 김동선)은 11월 17일 "KT(회장: 이석채)와 11월 16일 오전 11시 서울 평화시장(중구 구민회관)에서 전통시장의 멋에 '스마트 IT'를 접목한 편리한 쇼핑공간 조성을 위해 업무협약을 체결했다"고 밝혔다. 김동선 중기청장, KT 이석채 회장, KT 서유열 사장, BC카드 이종호 사장, 평화시장 이기영 상인회장과 홍남식 대표 등 70여 명이 참석한 가운데 진행된 이날 협약에서 전통시장의 문제점으로 거론되던 현금 위주의 결제가 다양화되고 전자상품권 도입으로 장보기가 편해져 이용자들의 불편이 해소될 것으로 보인다.

아울러 대형마트 · 기업형수퍼마켓(SSM) 확대 등으로 인한 전통시장의 열악한 환경을 개선하고 스마트 시스템 도입이 매출증대와 비용절감으로 이어져 상인들의 큰 바람이 이뤄질 전망이다. 주요 협약내용 · 지원계획을 보면 '전통시장 가는 날'에 적극 동참하기 위해 KT 계열사(BC카드사 등) · 지사(사업단)를 포함한 전국 412개 사업장이 인근 전통시장과 자매결연을 체결, 월 1회 전통시장을 방문할 계획이다. 전국 전통시장의 시설개선 사업에 KT가 참여, 설계와 감리를 무료로 제공함으로써 스마트 시대에 맞게 IT 인프라 개선을 추진하고 절감된 비용은 전통시장에 재투자될 것으로 보인다. KT는 전통시장의 활성화를 위해 온누리 상품권을 내년까지 63억 원을 구매, 장보기 행사를 적극 전개한다.

아울러 지난 10월 온누리 상품권의 전자상품권 사업자로 선정된 BC카드는 온누리 상품권을 종이에서 전자상품권으로 대체해 오는 12월에 첫선을 보일 계획이다. '온누리 상품권'은 2009년 7월부터 중기청에서 전통시장 활성화를 위해 발행해 오고 있는 전국 통용의 전통시장 상품권으로, 시행 약

2년 만에 2,760억 원의 판매 성과를 보이고 있다. 이와 함께 KT는 스마트폰 2천만 시대에 맞게 길 찾기 서비스인 올레내비(Olleh navi)를 활용, 전통시장에 사람들이 쉽게 찾아올 수 있도록 하고 전통시장별 홈페이지를 무료로 구축, 스마트 쇼핑앱으로 온라인 거래 활성화를 도모할 계획이다. 상인들이 IT를 쉽게 활용할 수 있도록 KT의 IT서포터즈와 소호컨설턴트 1,200명이 IT교육을 무료로 지원, 새로운 소비 트렌드 창출에 기여할 것이다.

중기청, KT그룹과 공동으로 자금을 투입, 연중 특색 있는 전통시장을 언론에 소개해 부모와 아이들과 전국 전통시장 체험기회를 갖도록 하고 문화재와 전통시장을 체험코스로 개발, 놀라운 경험과 잊을 수 없는 추억을 제공할 예정이다. 이 밖에 '전통시장 가는 날', '1기관 1시장 자매결연'을 통해 우수시장을 소개함으로써 많은 사람들이 자발적으로 전통시장을 방문할 수 있도록 유인할 계획이다. BC카드는 전통시장 활성화 지원을 위해 사회공헌기금에서 10억 원을 출연할 계획이다.

김동선 청장은 "전통시장에 IT 기술을 접목하여 안전하고 편리한 쇼핑환경을 조성함으로써 전통시장으로 고객유인 효과가 매우 높을 것으로 기대한다"고 밝혔다. 김 청장은 이어 "오는 12월 처음 발행되는 전자상품권은 전통시장 온라인 쇼핑몰 · 오프라인에서도 사용할 수 있게 돼 상품권 사용의 편의성 증대와 온누리 상품권의 활성화에 기여할 것"이라고 덧붙였다. 이석채 회장은 "전통시장 고객들에게 스마트 기기와 통신, 금융을 융합한 서비스로 새로운 가치와 경험을 제공함으로써 전통시장의 활성화를 유도하고 우리나라 경제발전에 이바지하겠다"고 말했다.

한편 이날 행사는 중기청과 KT의 협약식으로 시작해 실행에 필요한 세부사항의 신속한 추진을 위해 중기청 산하기관인 시장경영진흥원과 KT계열사인 BC카드사가 업무협약을 체결하고 평화시장과 KT 을지지사의 자매결연으로 첫출발을 알렸다.

(한국신문, 2011. 11. 17)

2 KT의 핵심가치

KT는 생각과 말뿐이 아니라 행동으로 옮기자는 의지를 담아 'ACTION'이라는 핵심가치를 만들었다. ACTION은 단순히 '행동'이라는 의미만을 담은 것이 아니라 알파벳 한 글자 한 글자에 의미를 담은 핵심가치 주제어다. 즉 고객을 중심으로(All for Customer), 서로 돕고 경쟁이 아닌 상생으로(Collaboration), 신뢰를 기반으로(Trust), 단순한 발전이 아닌 창의적 혁신으로(Innovation), 주인의식을 갖고(Ownership) 즉시(Now) 행동하자는 의미를 담고 있다. 이 핵심가치를 이루는 행동강령이 기업의 비전을 이루는 사원들의 원동력이 된다.

'All for Customer', 즉 '고객중심'은 KT의 핵심가치 중 가장 중요하게 여겨지는 가치다. 그 중심에는 고객이 원하는 바, 고객의 작은 의견도 고려한다는 약속이 있다. 주된 목적은 모든 업무 과정에서 고객의 입장에서 생각하고 고객의 필요를 예상하여 고객이 원하는 가치를 고객이 요구하기 전에 제공하는 것이다. 그리고 고객의 눈높이에 맞춰 그들의 작은 이야기에 귀 기울이고 약속은 꼭 지켜야 한다. 이렇게 직원들이 고객을 섬기면 고객들은 KT라는 기업에 좋은 인상을 받고 KT의 서비스에 만족하게 되어 충성고객이 될 것이다.

'Collaboration', 즉 '상생'은 '부서 간 협조와 협력'에서 시작되어 '협업과 결합'의 관점으로 확대되었다. KT의 비전인 '글로벌 ICT 컨버전스 리더'를 실현하기 위해서는 상품, 사람과 일의 결합이 필수적이다. KT가 추구하는 협업은 부서 간 과업을 최적화하여 더 나은 성과를 내는 것이다. 개인이나 자기 부서의 성과만을 목표로 일하는 것이 아니라, 회사 전체를 위해 서로 협력해야 한다. 더 나아가 회사 안팎의 파트너와도 좋은 관계 속에서 서로 도움을 주며 발전하는 것이 목표다. 눈앞에 있는 이익보다는 좀 더 큰 그림을 보고 나아갈 때 부서 간의 힘을 합치는 진정한 의미의 '상생'이 가능하다.

'Trust'는 적극적으로 서로 믿고 의지하며 이를 기반으로 지식과 정보를 공

〈그림 II-3〉 KT의 핵심가치: ACTION

유하자는 의미가 있다. 오랜 시간 동안 공기업이었던 KT는 관료주의적 특성을 띠고 있었기 때문에 개개인의 다름을 이해하는 것도 익숙하지 않았고, 새로운 생각을 말하고 나누는 문화가 자리잡기 어려웠다. 따라서 창조적인 생각을 도출하여 새로운 혁신적인 제품이나 서비스를 만드는 일도 힘이 들었다. 'Trust'는 타인의 가치가 나와 다를지라도 그것을 인정하고, 타인을 믿고 이해함으로써 사원들이 서로에게 유연하게 대하는 것이 목적이다. 동료를 이해하고 의사소통을 시작하는 노력이 핵심가치 '신뢰'로 이어지는 지름길이 된다.

'Innovation', 즉 '창의적 혁신'은 무에서 유를 창조하는 것이 아니라 이미 있던 것들에 새로운 가치를 부여하여 이전과 다른 것을 만들어 내는 것이다. 그러기 위해서는 현재에 안주하지 않고 실패를 두려워하지 않는 자세로 새로운 가치를 향해 나아가야 한다.

'Ownership'은 직원들이 '주인의식'을 갖고 책임경영을 시작하자는 것으로, KT의 핵심가치 중 유일하게 기업 전체와 동료가 아닌 '나' 자신의 행동을 내세우는 가치다. 남이 해주기를 바라지 않고 내가 먼저 온 힘을 다해 조직의 원동력이 되고자 하는 자세를 나타낸다. 내가 이 회사의 '주인'이 될 때 적극적으로 행동할 수 있고, 환경에 지배되는 것이 아니라 환경을 주도적으로 활용할 수 있다.

'Now'는 지금 즉시 실행하자는 의미다. 제2차 세계대전의 영웅이었던 조지 S. 패튼(George S. Patton) 장군은 "지금 적극적으로 실행되는 괜찮은 계획이 다음 주의 완벽한 계획보다 낫다."라고 말했다. 그만큼 '실행'이 중요하다는 것이다. 과거 경쟁사가 없던 시절에는 준비와 계획으로 늦어지는 실행이 큰 문제가 되지 않았지만, 민영화가 이루어지고 통신업계가 경쟁시장이 되자 이는 기업의 커다란 문제가 되었다. 그래서 KT는 '지금 바로 실행'하는 기업으로 탈바꿈하기 위해 제도와 프로세스에 있었던 중심을 '신속한 결정과 즉시 실천'으로 옮겼다.

이렇게 KT의 핵심가치는 한 글자 한 글자 깊은 뜻과 변화의 의지를 담고 있으며, 고객중심경영을 외치는 'A'부터 지금 시작하자는 'N'까지 꼭 필요한 내용만 모아 놓은 것이라고 할 수 있다.

3 KT의 비전을 이루기 위한 Olleh 경영

KT는 '글로벌 ICT 컨버전스 리더'로 발을 내딛기 위해 경영방향을 확고히 하고 있다. 그것이 'Olleh 경영'이다. 고객의 미래를 생각하고 마음을 먼저 읽음으로써 흔하고 뻔한 생각이 아닌 새로운 아이디어로 고객들이 'Olleh'라고 기쁘게 소리 지를 수 있게 하자는 뜻을 담고 있다.

Olleh 경영 1기는 변화와 혁신을 통해 성장 잠재력을 확보하기 위해 국내 산업에서 거둔 성과에 만족하는 것이 아니라 세계 무대로 발돋움하기 위한 준비를 했다. 세계적 기업문화를 향한 혁신을 주도하고 가능성이 엿보이는

◎ 이석채의 '新홍익인간' 통했다

이석채 회장이 KT를 맡으면서 지난 2년간 실행한 혁신의 성과가 다우존스지속가능경영지수(DJSI) 통신 분야 1위 달성이라는 성과로 되돌아왔다. 2011년 9월 20일 한국 기업들이 DSJI의 19개 산업 영역 중 무려 4개에 달하는 통신, 유통, 건설, 기술 분야에서 1위를 차지하며 전 세계에서 가장 높은 최우수 지속가능기업으로 선정돼 연일 화제가 되고 있다.

DSJI는 전 산업을 19개 업종으로 나눠 각 업종에서 지속가능경영 수준이 가장 높은 최우수기업을 선정하는 것이다. 올해 DJSI의 '글로벌슈퍼섹터리더' 19개 산업 분야 중 통신 분야에서 KT가 선정됐고 유통 분야에선 롯데쇼핑, 건설 분야에선 현대건설, 기술 분야에선 삼성전자가 선정됐다.

업종별 1등 기업에선 한국이 4개로 가장 많았다. 뒤를 이어 네덜란드 3개, 스위스와 호주, 영국, 스페인이 각각 2개씩을 차지했다. KT는 지난 2010년 처음으로 DJSI 월드 지수에 편입된 이후 1년 만에 끊임없는 혁신을 거듭해 통신 분야 1위를 달성했다.

이석채 회장은 취임 직후 끊임없는 '혁신'을 강조했다. 취임 1년 만인 지난 2010년 DJSI 월드 지수에 편입된 이후 다시 1년 만인 올해 DJSI 통신 분야 1위를 달성한 점은 이 회장 특유의 뚝심과 강력한 추진력이 뒷받침됐기 때문이다.

KT는 연구개발(R&D)과 상품을 비롯해 기후변화 대응, 인재경영, 개인정보보호, 리스크 관리 등의 경영 전반에 걸친 혁신을 통해 업계 최고 점수를 받을 수 있었다. 중소기업과의 관계를 나타내는 공급망 관리 분야도 업계 최고 점수에 근접하고 있다. 이 회장이 내내 강조한 중소기업과의 동반성장 노력도 빛을 보고 있는 것이다. 서비스 분야 개발 및 영향력 면에서도 최고점수를 받았다. KT는 지난 2009년 11월 데이터 요금을 88% 인하하고 아이폰을 국내 최초로 도입하면서 스마트폰 돌풍의 주역이 됐다. 통신 서비스 면에서도 대용량 트래픽을 효과적으로 처리하기 위해 전국 8만 4천여 개의 와이파이존을 구축했다.

유선통신 분야의 혁신도 주목된다. 위성방송과 IPTV의 장점을 결합한 올레 TV 스카이라이프를 출시하며 2년 동안 100만 가입자를 돌파했고 유아용 에듀테인먼트 로봇인 키봇은 5개월 동안 1만여 대가 판매되며 로봇시장의 잠재력을 확인할 수 있었다. KT는 여기에 더해 기후변화 대응을 위한 에너지 절감, 친환경에너지 대체, 통신 및 IT 인프라 개선, 근무환경의 그린화 등을 통해 오는 2013년까지 이산화탄소 배출량을 지난 2007년 대비 20%가량 절감할 계획이다.

중소기업과의 동반성장도 KT가 주력하는 분야다. KT는 2009년 6월부터 최저가 입찰의 폐해를 방지하는 등 중소기업과의 동반성장을 위해 힘써 왔다. 이 회장은 중소기업이 대기업과의 협력관계에서 갖는 태생적 불안요소를 해소하기 위해 3불(아이디어를 훔치지 않을 것, 중소기업과 경쟁하지 않을 것, 중소기업의 자원을 낭비하지 않을 것) 정책을 선언한 바 있다.

이 회장은 여기에 머무르지 않고 자사가 보유한 특허 1천 개를 협력사에 무료로 양도하기로 결정하고 400여 개 업체와 '공정거래 및 동반성장 협약'을 체결해 제공하고 있다.

이석채 KT 회장은 "세상을 이롭게 하는 활동들이 기업들에게도 더없이 아름답다는 것이 나의 믿음"이라며 "이런 신홍익인간의 정신을 확산시켜 나가는 데 KT가 앞장서겠다"고 말했다.

(아시아경제, 2011. 9. 20)

분야를 위한 물질적 투자뿐만 아니라 인재를 양성하고 교육하는 데에도 노력을 아끼지 않고, 새로운 가능성의 산업을 위하여 비즈니스 포트폴리오를 전환하는 것을 주된 과제로 삼아 추진해 왔다. 그리고 이런 과정을 통해 2011년 다우존스지속가능경영지수(DJSI)[1)]의 통신 분야 세계 1위를 달성했다.

Olleh 경영 1기가 잠재력을 확보하는 데 힘을 쏟았다면, 새로 출범한 2기는 글로벌 미디어 유통 그룹으로 도약하고자 힘쓰고 있다. 불확실한 기존 수익사업을 대체할 신규 컨버전스 분야를 확장하고, 세계적 기업이 되기 위한 다각도의 실질적 노력과 혁신적 통신시장의 선도가 그 과제다.

1) 1999년 다우존스와 SAM이 만든 우량기업 주가지수 중 하나다. 기업을 단순히 재무적 정보로 파악하는 데 그치지 않고 지배구조, 사회공헌도 등을 토대로 지속가능경영을 평가해 우량기업을 선정한다.

제 III 장

KT의 인사시스템

2011년 12월 말 기준, KT의 직원 수는 총 3만 1천여 명이며(〈그림 III-1〉 참조), 이 가운데 장애인은 2.45%, 여성 인력은 15% 정도를 차지한다. KT 직원의 평균 재직기간은 18.9년이다. 2011년 한국 고용노동부 통계 기준 사무 종사자 평균 근속 연수가 7년, 전 직종 종사자 평균 근속 연수가 6.1년인 것에 비하면 3배에 가까운 수치다. 이렇게 다양한 구성원들의 높은 만족도를 이끌어내기 위해 KT는 인사시스템 혁신을 이루었고, 이런 노력과 성과는 다른 기업들에게 모범적인 사례를 제공해 준다.

KT가 급격한 발전을 이루는 데 가장 도움이 되었지만 가장 큰 과제이기도 했던 사건은 'KTF와의 합병'이었다. 이석채 회장은 KT와 KTF의 합병을 회상하며 "KT의 주력 비즈니스인 유선전화가 무너져 가는 상황이었지만 반드시 살아남아 운명공동체인 KTF와 함께 비상해야 한다는 각오를 다졌다"면서 "여러 난관을 뚫고 이뤄낸 합병이었지만 이제 성공적 성과와 결실을 말할 수 있어 감회가 새롭다"고 밝혔다.

〈그림 III-1〉 KT의 임직원 현황(2011)

임직원 현황

구분	직원 수(명)				평균근속 연수(년)
	정규직	계약직	기타	합계	
남자	26,401	454	170	27,025	19.3
여자	4,660	289	6	4,955	16.8
합계	31,061	743	176	31,980	18.9

남녀 직원 비율

여성인력 현황

관리직 이상 여직원 수 **143** 명

1 KT와 KTF의 인사시스템 비교

KT와 KTF의 합병은 순조로운 일이 아니었다. 합병할 당시에 두 회사는 여러 방면으로 다른 점이 많았다. KT는 민영화가 이루어진 후에도 안정성을 중시하던 공기업의 색채를 띤 기업이었고, KTF는 역동적인 젊음의 색채를 띤 기업이었다. KT와 KTF는 인사시스템도 서로 달랐는데, 보상 · 평가 · 승진제도까지 두 회사의 인사시스템을 비교해 보면 다음과 같다.

1) 보상제도

KT는 고위 2, 3급을 제외하고는 모두 호봉제를 적용하고, KTF는 연봉제를 적용하고 있었다. 임금을 인상할 때도 KT는 호봉에 의한 승급이 이루어졌지만, KTF는 업적에 따른 차등 인상이 골자를 이루고 있었다. 초과근무수당도 KT는 직급에 따라 차이가 있었고, KTF는 모든 사원에게 시간에 비례하여 같은 기준을 적용하였다. 또한 KT에는 '직무환경수당'이라 하여 회계사, 세무사, 기술사, 감리사와 같은 국가 자격증이 있는 경우와 직급이 3, 4급에 해당하는 경우 추가수당이 주어졌다. 하지만 KTF는 자격증이나 급수에 상관없이 팀장이나 파트장에게 직책수당을 지급하고, KT와는 달리 영업활동비와 심야근무 실비까지 존재했다. 성과급 지급도 KT는 개인의 성과보다는 수익성과급과 성장성과급 등 회사의 성과를 기준으로 하고, KTF는 개인, 사업장, 전사 성과를 기준으로 하였다. 전반적으로 KT는 직급과 연차에 따른, 회사 전체의 성과를 기준으로 한 보수제도를, KTF는 업적에 따른, 개인의 성과가 고려된 보상제도를 운용하고 있었다.

2) 평가제도

KT와 KTF는 평가제도에서도 차이를 보였는데, KT의 인사고과는 업적고과와 능력고과로 이루어져 있었고 KTF는 업적평가와 역량평가로만 이루어져 있었다. 업적고과는 '이런 직무를 이 정도로 했으면 좋겠다'는 기업의 기대를 직원이 얼마나 만족시켰는지 측정하는 것이고, 능력고과는 '이런 능력을 이 정도로 갖추면 좋겠다'는 기업의 기대를 직원이 얼마나 만족시켰는지를 측정하는 등급기준 고과제도다. KT의 인사고과에는 KTF에 존재하지 않는 '능력고과', 즉 회사가 정한 직급을 기준으로 한 평가가 있었다. 게다가 이

〈표 III-1〉 KT와 KTF의 평가제도 비교

<table>
<tr><th rowspan="2">구분</th><th colspan="2">KT</th><th>KTF</th></tr>
<tr><th>연봉제</th><th>호봉제</th><th>연봉제</th></tr>
<tr><td>대상</td><td>• 2, 3급
(보직자 및 희망자)</td><td>• 3급(비보직자), 4급, 5급, 6급(이하)</td><td>• 전 사원</td></tr>
<tr><td>인사고과</td><td colspan="2">• 업적고과 + 능력고과 + 훈련성적평점 + 가점평점
(훈련성적평점: 당해 직급별 교육훈련 이수 여부)
• 다면고과</td><td>• 업적평가 + 역량평가
• 승진에는 업적평가만 반영
• 상향평가, 하향평가, 동료평가 진행</td></tr>
<tr><td>평가활동</td><td>• 업적고과:
성과급 지급 기준
• 능력고과:
승진 대상자 선정 기준</td><td>• 능력고과:
승진 대상자 선정 기준</td><td>• 역량평가:
승진 심사 참고 자료</td></tr>
</table>

능력고과는 평사원들 가운데 승진 대상자를 선정하는 기준이 되었다. KTF에는 능력고과 대신 개인의 역량을 얼마나 발휘했는지를 측정하는 역량평가가 있었다. 즉 KT는 회사에 의한 직급 기준의 평가제도를, KTF는 개인 역량 기준의 평가가 좀 더 강조된 평가제도를 가지고 있었다.

3) 승진제도

승진제도에도 차이가 있어서 당시에 KT는 능력고과, 업무고과 점수와 영어 점수를 기준으로 승진 대상자를 정했지만, KTF는 평가일 기준 최근 3~5년 내의 업적평가를 기준으로 승진 대상자를 선출하는 등 사원들의 최근 실적이나 능력으로 평가하고자 했다. KT 평사원들의 승진심사는 결국 각종 자료에 의거하여 임용권자가 결정했지만, KTF 사원들의 승진심사는 업적 점수를 기반으로 하여 인사위원회에서 이루어져 KTF가 좀 더 객관적인 승진심사 여건을 갖추고 있었다. 발탁승진도 KTF는 점수에 제한을 두었으나 KT는 그렇지 않았다. KTF는 한 보직자의 개인적인 의견이 한 사람의 승진에 큰 영향을 미칠 수 없도록 제도를 만들었다. 그 밖에도 두 기업은 직급의 구분도 달랐고, KT에는 KTF에는 없는 별정직[1)]과 지원직이 존재했다.

〈표 III-2〉 KT와 KTF의 승진제도 비교

구분	KT		KTF
	연봉제	호봉제	연봉제
대상	• 2, 3급 (보직자 및 희망자)	• 3급(비보직자), 4급, 5급, 6급(이하)	• 전 사원
인사고과 등급	• 2~6등급 • 기타: 별정직, 지원직		• L급, P급, S급, J급, A급 • 기타: 연봉직
직급 사원구분	• 상무대우–일반직–연구직–별정직–지원직		• 임원(상무보)–일반직–연봉직

1) 국가 공무원과 지방 공무원 가운데 법률에 의한 특별한 규정이 없는 한 국가 공무원법 및 지방 공무원법의 적용을 받지 않는 공직을 말한다.

2 Olleh 경영 이후 인재경영체계 변화의 주요 내용

이석채 회장은 본격적으로 경쟁체제에 들어선 KT에 이전보다 더 강력한 열정과 혁신이 필요할 것으로 내다봤고, 합병된 새로운 KT에서도 KTF의 역동성이 이어지길 원했다. 따라서 인재경영체계에 변화를 가져오게 되었는데, 그 주요 내용을 살펴보면 다음과 같다.

1) 직급 폐지

이석채 회장이 취임 이후 KT의 변화를 위해 가장 강조한 것 중 하나가 '윤리경영'이었다. 그래서 이 회장은 취임 후 전체 부서와 사원을 대상으로 윤리성 점검을 대대적으로 진행했다. 그 결과 많은 문제가 드러났고 이 회장은 승진제도와 직급제도가 문제의 근원이라고 판단했다. 이전까지 승진제도는 연공이 기준이 되었고, 성과 이외 요소의 영향이 컸다고 분석되었기 때문이다. 직급제도로 인해 승진한 해에만 성과가 좋고 승진한 후에는 형편없이 변하는 사례들도 꽤 많았다. 승진한 뒤 첫해의 평가에서 C 이하를 받을 확률이 80%에 이를 정도였다. 따라서 이런 폐해의 원인이 되는 직급을 폐지하고 직책만 도입하는 변화를 도모하였다. 한번 승진되면 다시 강등될 가능성이 전혀 없는 직급제도 대신에 성과로 평가하고 일을 맡기기 위해 직책제도가 채택된 것이다.

직급을 폐지하고 이전 직급과 역량 그리고 성과에 따라 보직(직책)이 부여되었다. 부서장은 소속 직원의 역량 수준, 인사평가 결과, 직무경력, 리더십 등을 토대로 적격자를 판단해 직책을 맡겼다. 그리고 사내 커뮤니케이션 등에도 직급과 직렬을 폐지하고 직책(예: 부문장, 실장, 담당, 팀장, 직원 등)을 표시했다.

2) 적시/적채 채용 지원

사업현장 전략의 실행성을 높이기 위한 채용 권한의 추가 위임이 있었다. 채용과 지원에 유연함을 더함으로써 현장에서 필요한 인력을 복잡한 절차와 많은 시간을 소비하지 않고 뽑을 수 있도록 했고, 우선 외부 전문 인력에 대한 채용권이 위임되었다. CIC장에게 전문 임원을 제외한 국내 경력직(전문 컨설턴트 포함) 채용 권한을 위임했다. 또한 Network나 SD 부문 등에서는 재원 범위 내에서 전문 컨설턴트 채용 권한을 위임했다. 기타 다양한 채용은 소요가 빈번하고 비용 대비 효율을 고려해야 하는 점을 참작하여 본사 인사부서에서 채용 대행을 지원했다.

또한 전문 컨설턴트의 일반직 전환이 필요하다고 판단될 경우에는 CIC장의 권한으로 전환임용이 가능하도록 했다. 전환임용의 기준, 절차, 방법 등은 CIC별로 자율적으로 결정되게 했다. 또 CIC 이외의 부서나 기관의 일반직 전환임용은 본사에서 일괄 대행했다. 그 외에는 전문 컨설턴트의 부문 외 이동을 원칙적으로 금지하고, 직무전문성을 유지하는 차원에서 부문 내 이동의 경우도 유사 직무 등 관련 업무 범위로 제한했다. 또 일반직으로 전환된 경우는 기존 직원과 같은 배치 기준을 적용하도록 했다.

3) 직종 구분 폐지

일반직, 연구직, 별정직, 지원직의 4개 직종을 일반직으로 단일화함으로써 통합을 도모하고 몇 가지 보완 조처를 거쳐 2009년 6월 1일자로 직종 구분을 폐지하였다. 시행일 이후에는 순직자와 공상퇴직자 가족 채용 시 모두 일반직으로 채용했으며 별정직과 지원직의 승진 제한이 폐지되었다. 2009년 말부터는 인사 평가도 직종 구분 없이 동등하게 시행되었다. KTF의 '연봉직'은 '일반직'으로, '전문 연봉직'은 '전문 컨설턴트'로 통합하고, 직종 통합에 따른 급여 수준의 변동은 최소화하였다. '상무 대우'는 '상무보'로 명칭을 변경하여 일반직과 분리하여 지침을 운영했다.

◎ 인사제도의 공정성

평가제도의 공정성과 투명성은 성과관리의 근간이 된다. 특히 공정성은 인사제도에서 중요한 문제다. 애덤스(J. Stacy Adams)가 주장한 공정성 이론(equity theory)에 의하면 조직구성원들은 직무에 투자한 노력과 그에 따른 보상을 비교하는데, 이것이 개인의 동기부여 수준에 영향을 미친다고 한다. 구성원은 절대적 결과에 초점을 맞추는 것이 아니라 결과가 공평했는지에 더 관심을 두고 만족을 느낀다는 것이다. 다른 사람에 비해 적게 보상받는다고 느끼는 사람은 화를 내고, 반대로 비교적 많이 받는다고 느끼는 사람은 그저 기쁜 것이 아니라 죄책감을 느낀다고 한다. 조직 내의 '공정성'은 조직원들의 심리에 크게 영향을 주고 나아가 조직 전체의 분위기로 번져 나갈 수 있다.

공정성 이론에 의하면, 조직 내에서 불공정하다고 느낀 조직원들의 행동은 크게 둘로 나누어 살펴볼 수 있다. 비율(결과/투입)을 바꾸어 객관적인 사실을 변화시키려고 하는 것과 주관적으로 해결하려는 것이다. 비율을 바꾸기 위해서 결과의 질이나 양을 낮출 수도 있고, 아예 업무 집중도나 업무시간을 줄여 투입량을 감소시키기도 한다. 그리고 주관적 해결을 위해서는 직원들이 자기 자신에 대해서 가지고 있던 생각을 바꾸기도 하고, 타인이 조직 내에서 얻은 결과에 대한 판단을 바꾸기도 한다. 예를 들어, 내가 지금까지 다른 사람들에 비해 너무 많은 일을 열심히 했다고 생각할 수도 있고, 내 결과가 다른 사람에 비해 너무 형편없음을 깨닫고 자신의 노력이 형편없는 것이라고 비하하기도 한다. 더 나아가 비교하던 대상을 바꾸어 자기의 결과를 합리화할 수도 있다.

공정성 이론에서 '정의'는 분배적 정의(distributive justice), 절차적 정의(procedural justice), 상호작용적 정의(interactional justice)의 세 가지로 분류된다. 분배적 정의는 조직원들 사이에서 노력에 따른 보상의 분배와 관련된 공정성에 대한 인식이고, 절차적 정의는 분배의 결과 자체가 아니라 그것을 결정하는 절차가 공정하다고 인식하는 것을 의미하며, 상호작용적 정의는 조직원이 조직으로부터 존중받고 있다고 인식하는 것을 의미한다. 이 세 가지 정의 중 분배적 정의가 과업의 결과에 대한 만족 및 조직몰입과 가장 높은 관련성을 보인다. 또 절차적 정의는 직무만족과 조직 내부의 신뢰도, 조직을 떠나려는 의도, 성과, 조직시민행동에 큰 영향을 주는 것으로 밝혀졌다.

직장에서 공정성을 높이려면 경영자는 조직원들의 과업 결과가 어떻게 산출되고 평가되어 분배로 이어지는지 그 과정을 공개하고, 일관성 있고 편향되지 않은 절차를 따라야 한다. 특히 공정한 절차에 따라 평가받고 보상받는다는 인식을 조직원들에게 심어 줄 필요가 있다. 비록 결과가 조직원에게 다소 불만족스럽더라도 분배절차에 만족하게 되면 조직구성원은 상사와 조직을 긍정적으로 바라보게 된다.

KT는 '공정성'을 필수적 요소로 하여 인사제도를 발전시켜 왔다. 일단 단기적인 제도를 폐지하고, 멀리 내다보고 직원들에게 동기부여하기를 원했다. 단기 성과를 기준으로 승진시키고 부서 선택에 우선권을 주고 배치할 경우 그 지속성이 부족하다는 것을 깨닫고 2010년부터 직원성장 마일리지 제도를 시행하고 있다. 또한 KT는 '성과에 따른 공정한 보상'을 하기 위해 노력하고 있다. 팀이 아닌 개인별 성과를 책정하고 장기적 성과를 꾸준히 개선하기 위하여 연봉 인상을 협상할 때 최근 성과만이 아니라 최근 3개년의 등급을 모두 반영하고 있다. 이에 더하여 KT는 '승진의 공정성'을 실현하려고 노력하고 있다. KT는 연공을 기반으로 한 승진문화가 불평등하며 기회가 보장되지 않아 구성원들의 도전정신을 반감시킨다는 판단 아래 'Talent Market 제도'를 도입했다. 이는 사내 공모 채용 시스템에 시장 메커니즘을 도입한 것인데, 직원은 자기 자신의 역량을 고려하여 희망 부서에 지원할 수 있고 공모한 부서에서는 지원자 중 적합한 사람을 선발하는 제도다. 이와 같이 KT는 공정하고 사원들이 믿고 따를 수 있는 인사제도를 만들어 KT 발전의 단단한 디딤돌 역할을 감당하도록 하고 있다.

3 선발제도

1) 직원선발제도

KT는 신입사원을 지원접수, 서류전형, 인·적성검사, 실무면접, 임원면접, 채용신체검사를 거쳐 선발한다. 지원서류 접수 시 온라인으로 'KT fit test'를 거치게 되며, 서류전형을 통해 지원자격 보유 여부와 인성, 직무 전문성 등을 종합적으로 평가한다. 그리고 인·적성검사를 통해 인성과 적성이 KT 인재상과 조직문화에 적합한지를 종합적으로 평가한다. 실무면접은 지원자의 인성과 직무역량을 좀 더 심층적으로 파악하고 평가하며 개별 면접, PT 면접, Group Discussion 면접 등으로 이루어진다. 최종 임원 면접에서는 임원들이 직접 지원자의 자질을 종합적으로 평가한다. 이런 과정을 거쳐 KT의 인재상인 '업에 대한 최고의 전문가로서 상호협력과 신뢰를 기반으로 고객 관점의 혁신적인 사고를 통해 도전적 목표를 반드시 달성해 내고야 마는 열정과 실행력을 갖춘 인재'를 선발하게 된다. 최종 합격한 사원은 입문교육, KT 그룹사 연수, OJT 등의 교육과정을 거쳐 각 기관에 배치된다.

KT 그룹의 채용 분야는 경영관리, 마케팅, 미디어, IT, 네트워크, 달인 채용 등으로 나뉜다. KT 그룹 외에 계열사들도 동시에 채용을 시행하는데, 대대적 선발과 계열사별 필요 인력의 채용이 균형을 맞춰 효율적으로 이루어지고 있다.

2) 임원급 선발의 변화

이석채 회장은 조직의 혁신을 위해서 임원들의 변화가 중요하다는 것을 자각하고 임원 교육을 강조할 뿐만 아니라 임원 구성에도 변화를 가져왔다. 먼저, 상무급 이상에서는 외부 임원 수를 늘리고, 다양한 부서의 고위직에 Young Kim 등 외부에서 등용한 인재들을 포진시켰다. 공기업의 특성을 버리지 못하고 안정성을 중시하던 과거에는 상상도 할 수 없던 변화였다.

조직이 지속해서 생존하고 발전해 나가기 위한 모든 지식을 내부에서 만들어 내는 기업은 존재하기 어렵다. 따라서 기업은 외부에서 기술이나 지식을 획득할 필요가 있다. 조직은 외부와 상호작용하면서 다른 조직에 필요한 내용을 제공하기도 하고 받기도 하며 때로는 필요한 기술을 얻기 위해 서로 경쟁하기도 한다(Kogut and Zander, 1992). 특히 기업이 필요로 하는 정보나 기술이 한 개인에게 내재해 있는 경우에는 그 사람 자체를 조직에 끌어들여 필요한 자원을 얻을 수 있다. 이는 효과적이긴 하지만 쉬운 방법은 아니다. 이미 존재하는 조직 서열에 변화가 일어나 기존 조직원들의 불만을 살 수도 있고, 조직력이 약해질 수도 있기 때문이다. 하지만 이렇게 외부 인사의 고용을 통해 조직이 새로운 지식을 배우는 것은 주력 분야의 전문성을 강조할 때보다 기술적으로 그와 더 거리가 있는 지식을 탐구할 때 효과적이고, 회사의 지리적 범위를 넓힐 때 더 필요하다(Song, 2003).

KT는 원래 주력으로 삼던 통신사업에서 비통신사업으로 확장해 나가고 있으며, 한국을 넘어서 세계로 나아가는 것을 목표로 하고, 고용을 통해 기업의 지식을 늘리고 사업을 발전시킬 수 있는 최적의 조건을 가지고 있다. 따라서 KT의 외부 임원 수 증가는 조직의 전체적인 비전과 부합되는 움직임으로, 향후 긍정적인 결과를 도출할 수 있을 것으로 보인다(〈표 III-3〉 참조).

또한 기업 내 여성 인력, 특히 여성 임원의 비중을 늘리며 새로운 발전을 도모하고 있다. 500인 이상의 기업체에서 2001년부터 약 10년 사이에 여직

〈표 III-3〉 외부 임원 수의 변화

구분	2008		2009	2010	2011
외부 임원 수(명)	KT	12	21	24	28
	KTF	3			
	계	15			
전체 임원 수(명)	92		88	110	105
외부 임원 비율(%)	16		24	22	27

〈표 III-4〉 여성 임원 수의 변화

구분	2008		2009	2010	2011
여성 임원 수(명)	KT	1	3	6	8
	KTF	1			
	계	2			
전체 임원 수(명)	92		88	110	105
여성 임원 비율(%)	2.2		3.4	5.5	7.6

원의 비율이 5.8%나 증가하여 2012년 기준 30.8%에 이르는 등 대부분의 기업에서 여직원의 비중이 증가하고 있다. 그에 따라 여직원들이 본보기로 삼고 여직원들의 이점을 효과적으로 끌어낼 수 있는 여성 임원의 중요성이 커지고 있다. 하지만 한국 사회에서 여성 임원으로 승진하는 경우는 아직도 찾아보기 어렵다. 금융감독원과 통계청의 조사에 따르면, 100대 기업의 등기임원 중 여성은 813명 중 12명에 불과한데, 대부분이 경영자의 가족이거나 경영에 직접적인 영향을 주지 않는 경우다.

KT도 여성 직원의 비율이 15%를 넘어섬에 따라 성별 다양성 관리의 중요성을 인식하고 진취적으로 대처하여 실질적 여성 임원의 비율을 높이기 위해 노력하고 있다. 그 결과 2008년 여성 임원의 비율이 2.2%였던 것과 비교하면 2011년에는 7.6%까지 증가하였다(〈표 III-4〉 참조).

4 교육제도

1) 전반적 교육체계

KT는 회사의 방향과 맞는 인재상의 정점을 'Top Talent in Action'이라고 정립하였다. 전사 공통교육을 통해 KT인으로서 기본역량을 갖추게 하고, 일반직무와 전문직무로 나누어 직무역량 향상교육을 통해 직무에 부합한 역량을 키우고, 리더십 향상교육을 통해 리더로서 필요한 사고와 의사결정능력을 키워 KT 인재상인 'Top Talent in Action'에 이르도록 시스템을 정비하였다. Top Talent in Action은 열정과 실행력을 갖춘 인재로, 직무와 관련하여 최고의 실력을 갖추고 상호 협력과 신뢰를 기반으로 고객 관점의 혁신적 사고를 통해 목표를 달성하겠다는 의지를 지닌 인재를 말한다.

이런 인재를 양성하기 위해 가장 기초가 되고 중요한 것은 모든 KT인들에게 같은 생각과 비전 그리고 각 직무에 필요한 역량을 심어 주는 것이다. 전사 공통교육을 통해 공통역량이 제대로 길러지지 않으면 다른 상위 교육의 효과가 떨어질 수밖에 없다. KT도 공통역량을 육성하기 위해 먼저 핵심가치

〈그림 III-2〉 KT 전체 교육의 흐름과 인재상

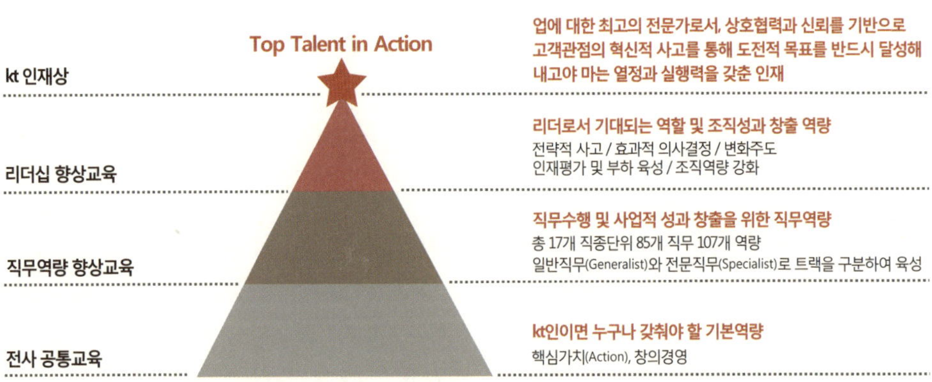

〈표 III-5〉 경영 · 리더십 교육과정과 육성방향(2011)

대상	과정	육성방향	비고
임원	Executive Academy 등	임원 전체: 경영 · 리더십 역량 함양	3차수
		상무급: 전문 경영자 자질 강화	5차수
상무보	상무보 교육	전문성과 창의 리더십 함양	3차수
팀장급	본사, 사업부서 팀장 교육	경영지식과 조직관리역량 함양	–
현장 직책자	Olleh 리더 스쿨 지사장	현장 조직관리 및 경영 노하우 공유	31차수
	Olleh 리더 스쿨 팀장		39차수
여성리더	여성 리더십	여성 리더의 역할과 책임	–
특별교육	학위파견, Olleh Class	전문성 향상과 로열티 증진	–
신입사원	입문교육, 직무순환교육	창의력 구현과 조직적응력 배양	–

내재화, 윤리경영, 창의경영 등의 교육을 강화하고 있다. 각 분야에서 리더십을 가지고 조직을 이끌어 나가야 하는 경영자들에게 우선적으로 경영 교육을 실시하고, 신임 임원부터 신입 사원까지 전사적으로 리더십 교육을 진행한다(〈표 III-5〉 참조). 그리고 MBA 과정이나 외부위탁 과정을 통한 특별교육도 시행하고 있다.

KT는 리더십 역량을 육성하기 위해 KT 리더로 성장하기 위해 필요한 5가지 역량과 10가지 행동양식을 정립하고, 이를 기반으로 리더십 진단 도구를 개발하여 활용하고 있다. 상황판단검사와 AC 평가를 통해 각 개인의 위치를 파악하고 그에 따라 필요한 역량이 무엇인지 진단할 수 있다. 그 다음으로는 직급별로 특성화된 리더십 프로그램을 도입한다. 예를 들어, 핵심인재에게는 국내외 MBA나 야간 석사학위를 지원해 전문성과 경영전문역량을 강화하고, 지사장이나 팀장급에는 종합적 리더십 역량을 향상시킬 수 있도록 하며, 임원이나 상무보에게는 그룹 CFO 과정, Executive Academy, Innovation Leadership 강의를 통해 종합적 통찰력을 키우도록 지원하고 있다(〈그림 III-3〉 참조).

직무역량 육성도 마찬가지다. KT만의 정의에 따른 직무체계에 맞추어 17개

〈그림 III-3〉 경영 · 리더십 교육

<table>
<tr><th>구분</th><th colspan="2">경영일반</th><th colspan="3">리더십</th><th colspan="2">특별교육</th></tr>
<tr><td>임원</td><td>SERI CEO</td><td>최고 경영자 과정/ 하계포럼</td><td>신임 임원</td><td colspan="2">Executive Academy</td><td rowspan="2">경영자 외부 위탁과정</td><td rowspan="2">임원 자기계발 지원제도 (ELA)</td></tr>
<tr><td>상무보</td><td rowspan="2">Olleh Park</td><td>역량인식 향상 워크숍 등</td><td>신임 상무보</td><td>Innovation Leadership</td><td>지사장 리더십 스쿨</td></tr>
<tr><td>팀장</td><td>팀장 워크숍</td><td>신임 팀장</td><td colspan="2">현장 팀장 리더십 스쿨</td><td colspan="2">국내 e-MBA 학위파견</td></tr>
<tr><td>매니저</td><td colspan="2">Olleh 비즈니스 스쿨</td><td>신입 사원</td><td colspan="2">매니저 리더십 스쿨</td><td>주말/야간 학위파견</td><td>국내외 학위파견</td></tr>
</table>

〈그림 III-4〉 직무교육

<table>
<tr><th>홈고객</th><th>기업고객</th><th>개인고객</th><th>네트워크</th><th>경영지원</th></tr>
<tr><td>Mass 고객영업</td><td>AM</td><td>Mass 영업</td><td>글로벌 ICT</td><td>경영기획</td></tr>
<tr><td>APT 고객영업</td><td>ITC</td><td>무선유통기획</td><td>교환/전송</td><td>인사</td></tr>
<tr><td>SOHO 고객영업</td><td>컨설팅</td><td></td><td>인터넷</td><td>노사</td></tr>
<tr><td>홈고객 케어</td><td>수행</td><td></td><td>선로/전력</td><td>재무/회계</td></tr>
<tr><td>ITE</td><td></td><td></td><td>무선/위성</td><td>구매/자산</td></tr>
<tr><td>유통망 관리</td><td></td><td></td><td>고객전송</td><td>홍보</td></tr>
<tr><td></td><td></td><td></td><td>고객선로</td><td>감사</td></tr>
<tr><td colspan="3">상품개발, 사업기획</td><td>품질관리</td><td>BIT</td></tr>
<tr><td colspan="3">마케팅 전략</td><td>기술기획</td><td>R&D</td></tr>
</table>

직종과 85개 직무별로 필요한 역량을 정의하고 조직과 개인 단위까지 세분화하였다. 이를 기준으로 조직원을 진단하고 정확히 필요한 인력을 키워 내기 위해 주요 사업군과 직무를 연결한 교육을 통해 이에 해당하는 분야별 필요역량을 향상시키고 있다.

2) 세부 교육 프로그램

(1) 지도자 교육

혁신은 높은 위치에 있는 조직원들의 변화만으로 이루어지는 것은 아니지만 그들의 변화 없이 기업의 혁신은 불가능하다. KT와 KTF의 합병 이후 완벽한 사기업으로의 변화와 발전을 이루기 위해서는 혁신이 필요했고, 팀장급 이상의 변화를 이끌어내기 위해 먼저 그들의 교육에 초점을 맞추었다(〈표 III-6〉 참조).

본사 및 사업부서의 신임 팀장을 대상으로 먼저 신임 팀장의 역할을 기대하고 중요성을 인지시키며, 리더십에 대한 성찰을 통해 가치관을 정립하고 개인과 조직의 동반성장을 위한 비전을 수립하는 교육을 실시하고 있다. 또한 처음 팀장 자리에 오르는 사원들인 만큼 상사나 부하와의 관계 형성에 필요한 지식과 기술을 습득하는 과정도 포함되어 있다.

기존 팀장들에 대해서는 기본 자세보다는 성과관리 목적과 조직의 성과목표 설정을 이해하는 교육을 실시하고 있다. Performance Leader로의 리더십을 인지시키고 성과관리와 단계별 피드백 기술을 습득하도록 했다.

신임 임원에 대한 교육에서는 경영자 인식을 갖추고 경영철학을 확립하는데 목표를 두고, 성공적 사업 추진을 위한 경영 통찰력과 충성심을 강화하도록 했다. 교육은 2단계로 나누어 1차로 KT 내부 역량을 활용한 체험형 교육을 실시하고, 2차로 교육몰입도 향상을 위한 2박 3일의 강도 높은 합숙교육을 실시한다.

기존 임원에 대해서는 전략적 임원 육성 교육을 통해 지속성장형 리더상을 정립하는 것을 목표로 하여, 전략적 마인드를 기반으로 체계를 다지고, 비

〈표 III-6〉 지도자 교육의 개요

구분	개발 역량	과목	교육내용	방법(시간)
신임 팀장	• 조직역량 강화 • 변화 주도 • 효율적 커뮤니케이션	팀장 역할 이해	• 팀장(리더)의 역할과 기대 인식 • 리더로서의 가치관 정립	강의 (3H)
		조직 활성화	• 90일 안에 조직 활성화하기	강의 (3H)
		임원 특강	• 전사 전략방향 공유 • 협업	강의 (1H)
		커뮤니케이션	• 커뮤니케이션 및 갈등 관리	강의/실습 (3H)
		관계 형성	• 네트워크 형성 및 갈등 관리	강의/실습 (2H)
		선배와의 관계	• 선배와의 대화, 실제 사례 공유	강의/실습 (1H)
팀장	• 전략적 의사결정 • 조직역량 강화 • 성과관리 외	Performance Leadership	• 경영환경의 변화와 리더십 이야기 • 리더의 역할 변화 • 성과관리형 리더의 역량 이해	실습 (8H)
		성과관리	• 직무수행관리 이해 • 성과관리체계 구축 단계 알기 • 성과관리 프로세스 체득 및 실습 • 단계별 피드백 스킬 습득	실습 (8H)
신임 임원	• CEO 리더십 • 조직역량 강화 • 커뮤니케이션 스킬 • 시장 트렌드 이해	커뮤니케이션 스킬 향상	• 강의 능력 향상 • 파워 스피치 • 신입사원 대상 특강 및 대화	12H
		경영자 리더십	• 창조와 열정이 조직의 운명을 바꾼다 • 오케스트라 리더십	3H
		경제 전망	• 경제 전망 및 산업 동향	2H
		경영자 이미지 메이킹	• 경영자의 자기 관리와 이미지 메이킹	2H
임원	• 전략적 사고 • 조직역량 강화 • 변화 주도 • 글로벌 역량 강화 • 효과적 의사결정	전체 임원 교육	• 통합 역량(Integration talent) • 리더십 및 경영 소양 전반, 온라인	52H(8H×8회 + 20H)
		상무급 교육	• 전체 임원 교육 • 전략교육 • 재무교육 • 탐방교육(글로벌/사회기업 분석)	84H(8H×8회 + 20H)

〈그림 III-5〉 임원 대상 최고경영자 교육의 개요와 선발 절차

<교육개요>

대상	교육기간	교육형태	선발규모(2012)	지원비용(1인당)
임원, 상무보	5~6개월	시간제	20명	1,500만 원

<선발기준과 대상과정>

구분	내용
선발기준	• 업무연관성이 높은 임원에게 참여기회를 우선적으로 부여 • 최근 참가실적 분석을 통해 미참여 임원에게 우선적인 기회 부여 • 일부 전문화 과정의 경우 상무보를 대상으로 선발
대상과정	• 서울대, 고려대, 연세대 등 주요 대학의 일반경영 및 전문화 과정 • 세계미래포럼, 산학연 등 사외기관 과정

<선발 절차>

대상자 풀 선정 (D-6) → 수요조사 (D-2~5) → 참여인원 선정 (D-day)

전과 전략을 인식하는 데서 한발 더 나아가 새로운 방향으로 이끌어가는 의사결정을 돕는 프로그램을 구성하고 있다. 또한 급변하는 글로벌 환경 속에서 다양한 문화를 이해하고 신사업 기회를 포착하는 리더로서의 통찰력을 갖출 수 있도록 구성되어 있다. 또 기존 임원들을 대상으로 최고경영자 교육과정을 통해 경영관리 역량의 발전과 임원진의 인적 네트워크를 강화하여 활발한 대외 활동과 사업 관련 제휴 역량의 증진을 꾀하고 있다(〈그림 III-5〉 참조).

(2) 상무보 교육

KT에서는 지도자 교육을 강조하는데, 특히 상무보에 대해서는 1년에 2회 워크숍을 개최하여 상무보가 가져야 할 마음가짐과 현업의 중요성을 깨닫게 하고, 최신 경영 흐름과 이슈에 대해 함께 논의하고 서로의 고충을 이해할 수

〈표 III-7〉 상무보 교육

구분	과목	교육내용	방법(시간)
워크숍	1차 워크숍 (상반기)	• 최신 경영 트렌드 • 주인의식, 고객중심적 사고 등 • 부하육성, 사기진작, 신뢰, 협업 등	강의 (8H)
	2차 워크숍 (하반기)	상동 (현안 이슈에 따라 변동 가능)	강의 (8H)
일하는/ 시키는 방식의 변화	일하는/ 시키는 방식	• 커뮤니케이션 코칭, 관계 형성 등 • Project Management, 조직관리 등	강의, 토론 (8H)
	업무에 임하는 자세/방법	• 윤리경영, 인문 · 철학적 소양 등 • 성과관리, 리스크 대응 및 관리	강의, 토론 (8H)
선비 문화 수련	도산서원 탐방	• 입교식 • 도산서원 소개 및 영상 자료 시청	강의 (2H)
	도산서원 의례	• 망기수여, 상읍례, 알묘례	강의/실습 (2H)
	선비의 삶의 철학	• 퇴계 선생 삶의 철학 탐색(종손과의 대화) • 현대사회 엘리트와 선비정신(특강)	강의 (4H)
	분임토의	• 선비문화 토론 • 선비정신을 통한 주인의식 재조명	토론 (4H)
	활인심방	• 선비의 건강관리	강의 (1H)
	수련반성	• 자기성찰, 실천계획 수립 • 수료식	강의/실습 (1H)

있는 기회를 마련하고 있다. 상무보 교육은 임원진부터 일하는 방식과 일을 시키는 방식을 바꾸어 나갈 수 있도록 교육하는 것부터 시작한다. 참가자들의 업무 스타일을 분석한 후 그에 따라 업무능률을 향상시키고 리스크 조절 방법을 습득하며, 임원에게 맞는 업무에 임하는 자세를 갖추도록 한다. 그 방법의 하나로 신임 상무보를 대상으로 경북 안동의 도산서원 선비문화수련원에서 선비문화 수련을 실시하고 있다(〈표 III-7〉 참조). 이런 프로그램은 수

기치인(修己治人, 내 몸을 닦고 남을 다스림)과 예의염치(禮義廉恥, 예절, 의리, 청렴, 부끄러움을 아는 태도)라는 선비정신을 통해 자기 자신을 성찰하고 리더로서 솔선수범하는 자세와 부하를 존중하는 마음을 키울 수 있는 기회를 제공한다.

(3) Junior 교육

지도자 교육 외에 입사 4~7년 차의 Junior를 대상으로 '경쟁력 있는 올레인 만들기' 프로젝트를 시행하여 입사 후 자기 업무에 대한 권태나 회의가 생기는 시기에 새로운 동기부여와 활력을 불어넣고 있다(〈그림 III-6〉 참조). 프로젝트 개시부터 종료 시까지의 프로세스 관리 방법을 익힐 수 있도록 'Project Management'를 실시하고 있다. 또 과업에서 생기는 문제들을 해결할 때 기존 틀에서 벗어나 좀 더 창의적이고 논리적인 사고를 가능하게 하기 위해 '문제해결기법' 강의를 열었다. 크게 창의적 문제해결과 논리적 문제해결로 나누어 이론뿐만 아니라 실습과 발표를 통해 업무에 적용될 수 있도록 설계했다.

사람들이 기억하는 것은 누군가의 스펙이 아니라 스토리이기 때문에 자신의 역량을 나열하는 것보다 자기만의 이야기를 풀어 나가는 것이 상대방을 설득하고 좋은 아이디어를 이끌어 내는 내는 데 도움이 된다. 따라서 KT는 본인의 업무와 주변에서 스토리텔링적 요소를 발굴하고 이를 설득하는 과정에 사용할 수 있도록 가르치고 있다. 그리고 이의 연장선상에서 상황에 맞는 커뮤니케이션 스킬과 함께 명확하고 긍정적으로 자신의 의견을 전달하는 방법도 교육하고 있다.

그뿐만 아니라 실질적으로 사업을 분석할 수 있는 다양한 툴(산업 분석, 경쟁 분석, 시장 분석, 고객 분석, 회사 분석, 신사업 분석)과 통계 기초이론을 습득할 수 있는 SPSS, 회사의 생산 활동과 회계 정보의 관계를 파악하는 데 도움이 되는 재무 분석의 기초, 효과적인 회의 진행과 회의 기술을 위한 방법도 교육하고 있다. 이러한 교육을 통해서 Junior가 단단한 Senior로 성장할 수 있는 발판을 마련하고 있다.

〈그림 III-6〉 Junior 대상의 '경쟁력 있는 올레인 만들기' 프로젝트

과정	내용	과정	내용
1. Project Management	• 성공 프로젝트 분석 • 프로젝트 수행 • 리스크 관리 • 프로젝트 실습 • 프로젝트 조정	5. 비즈니스 분석 툴	• 비즈니스 분석 툴 • 산업 및 경쟁 분석 툴 • 시장 및 고객 분석 툴 • 회사 분석 툴 • 신사업을 위한 툴
2. 문제해결기법	• 창의성 촉진 마인드 • 창의적 문제해결 툴 스터디 • 논리적 문제해결 툴 스터디 1, 2	6. SPSS 통계 분석 기초	• 기초 통계 이론 • SPSS 사용법 • 통계 분석 기법
3. 스토리텔링	• 스토리텔링의 이해 • 스토리텔링의 데이터 준비 • 핵심 스토리 만들기 • 발표 및 피드백	7. 게임으로 배우는 재무 분석 기초	• 재무회계 기초 • 재무제표 읽는 법 • 손익계산서 읽는 법 • 현금 흐름 및 각종 재무 분석
4. 커뮤니케이션 스킬	• 커뮤니케이션의 기본 개념 • 커뮤니케이션 유형 이해 • 커뮤니케이션 스킬 기본(팀별 학습)	8. 회의 진행 스킬	• 회의 유형별 분석 • 회의 프로세스 • 회의 상황별 문제해결 • 실전 회의기술

(4) 신입 및 수시채용 사원 교육

신입사원 교육은 창의성과 역동성을 강화하여 회사를 긍정적으로 변화시킬 수 있는 인재를 양성하는 데 초점이 맞춰져 있다. 그에 따라 KT인의 기본정신을 강화시키는 '뼛속까지 KT인', 업무능력 향상을 위한 '일 잘하는 법', 바른 업무태도 함양을 위한 '올바른 Attitude' 등을 270시간 동안 교육한다(〈표 III-8〉 참조). 전체 교육시간 중 51%를 실습 시간으로 할당하여 다양한 활동을 통해 KT인의 자질을 갖출 수 있도록 하고 있다. 수시채용 사원 교육은 KT만의 핵심가치인 ACTION을 내재화하여 경력사원이 가지고 있는 직무 전문성과 새로운 시너지를 창출하는 데 초점을 맞추고 있다. KT의 전반적 업무 이해와 충성심 형성을 통해 일체감을 조성하는 것이 이 교육의 주요 과제다.

〈표 III-8〉 신입사원 교육 프로그램

교육과목	세부 목표	교육내용
뼛속까지 KT인	• KT인으로서 강한 로열티 형성	• 한계체험 • 주요 시설 견학
	• KT의 비전과 조직문화의 핵심 가치에 대한 이해	• ACTION CF • Olleh 퍼포먼스
	• 창의적 사고와 유연한 대업태도 배양	• 창의경영방법론 • Pre 전사과제
일 잘하는 법	• 업무수행능력 배양	• Biz-Writing • OA 실무 • 논리적 사고
	• KT의 주요 사업과 업무 관련 기초지식 습득	• CIC 부문 및 직무기초 소개 • KT 주요 사업 소개
올바른 Attitude	• 올바른 직업윤리와 업무태도를 지닌 직장인 양성	• 선비문화 체험 • DISC
기타	• KT 사장단 특강, 사회명사 특강(각 주 1회)	

(5) 인재평가위원 양성 교육

기업이 성장하기 위해서는 기업에 필요한 인재를 선발하는 것이 중요하다. 기업이 원하는 인재상, 즉 직무에 맞는 역량을 갖춘 사람을 뽑기 위해서는 면접을 담당하는 사람들이 먼저 분석적 사고와 판단력을 함양해야 하며, 자회사의 채용 프로세스를 제대로 알고 있어야 한다. 이를 위해 KT는 인재평가위원을 따로 교육시킴으로써 면접의 전체적인 진행과 면접 기술을 구조화하고 모의 면접을 통해 철저히 대비하고 있다(〈그림 III-7〉 참조). 특히 신임상무보 채용을 위해서 리더십에 대한 평가에 대비하고 평가 시스템을 올바르게 운용하는 방법을 교육하고 있다.

〈그림 III-7〉 인재평가위원 양성 교육

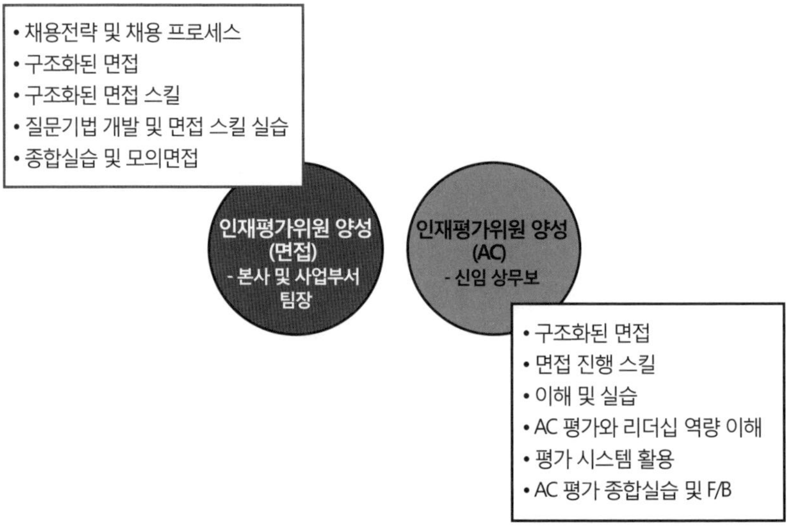

(6) Olleh Leader School

리더십은 상사나 경영자에게만 필요한 자질로 여겨져 왔으나, 이제는 단순히 상사를 따르는 것이 아니라 리더십을 가지고 역동적으로 업무를 진행하고 이루어 나가는 인재가 필요한 시점에 와 있다. 사원들 모두에게 리더십이 필요하다는 것을 깨달은 KT는 거의 전 사원을 대상으로 Olleh Leader School을 열고 직책과 직무에 따라 다른 내용의 교육을 제공하고 있다(〈그림 III-8〉 참조).

신임 지사장은 현장 학습을 시차를 두고 2회 진행하여 지사별 계획을 세우고 실행하는 과정을 모두 교육받는다. 현장 신임 팀장은 1차 모듈을 교육받고 2달 동안 현장에 적용한 다음 다시 2차로 집합 교육을 받는다. 주요 이론들을 배우고 현장에서 충분히 적용해 본 후, 다시 모여 토론하여 부족한 부분을 채울 수 있도록 설계되어 있어 매우 효과적이다.

또한 현재 리더뿐만 아니라 현장 경영자와 희망자를 대상으로 한 교육도 진행한다. 이들이 조직의 시너지를 이끌 수 있는 리더십과 조직관리 역량을

〈그림 III-8〉 Olleh Leader School

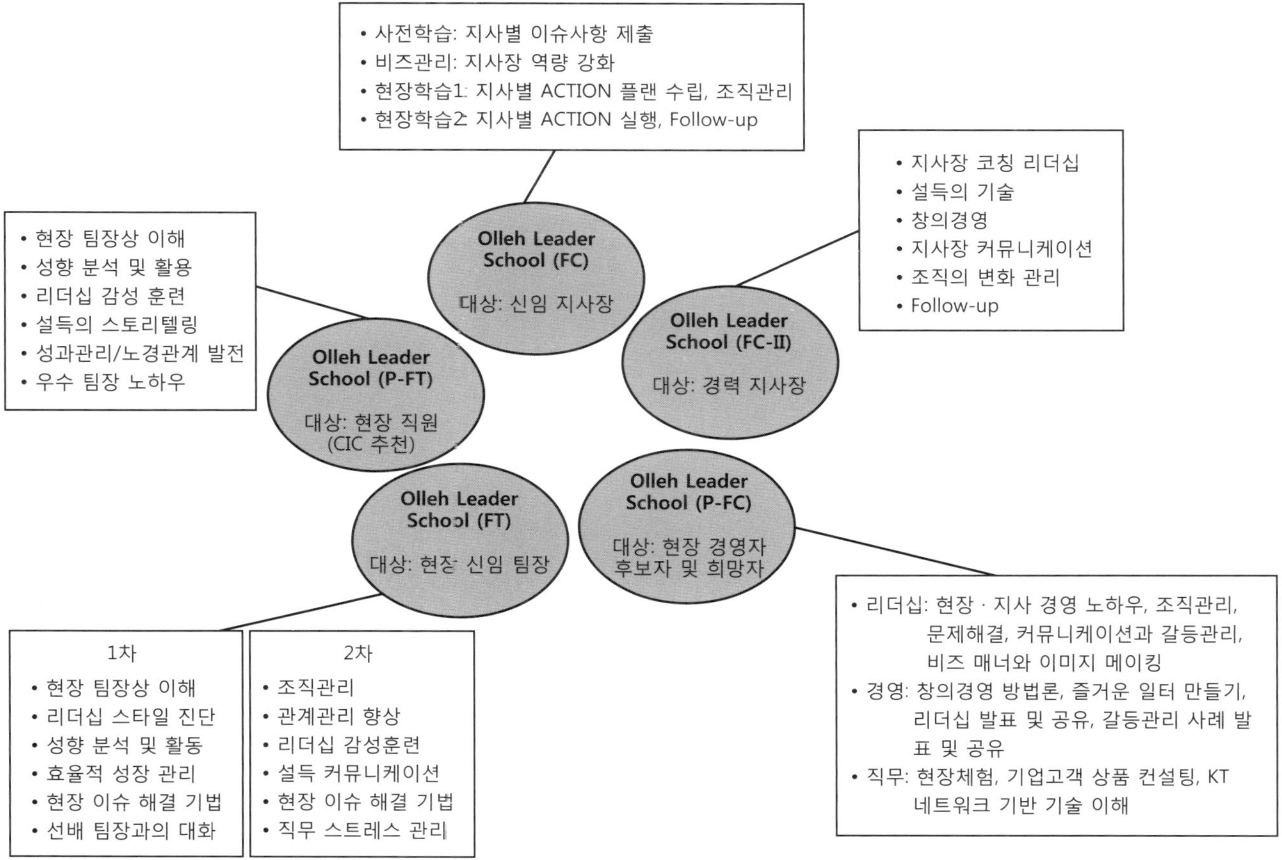

확보하고 현장 지사 경영에 필요한 경영 및 직무 지식을 습득하여 현장 경영자로서 준비되도록 하고 있다. 경력 지사장을 대상으로 한 교육(FC-II)에서는 지사 경영 전문과정을 개설하여 지사장이 교육과정을 선택 수강할 수 있도록 하여 자신에게 부족한 부분을 집중해서 보강할 수 있다.

(7) 클래요

여성들의 경제력이 높아지면서 여성을 대상으로 한 시장이 넓어지고 있고, 다양한 사업 분야에서 여성의 능력이 빛을 발하고 있다. KT에서도 여성 임원과 여성 사원 수가 꾸준히 증가함에 따라 여성 리더 맞춤형 교육을 제공하고 있다. 조직성과를 창출하고 목표 달성과 지속적 성장을 위해 수동적인 기존 여성상에서 벗어나 활기찬 직장 문화를 선도하는 당당하고 신뢰받는 여성 리더를 육성하고자 하는 것이다. KT에서는 대리부터 부장 · 팀장급 여성을 대상으로 '클래요'라는 프로그램을 통해 여성의 강점을 나타낼 수 있는 리더로 다시 태어날 수 있도록 교육하고 있다(〈표 III-9〉 참조).

〈표 III-9〉 클래요 프로그램

교육과목	교육내용	방법(시간)
• 여성 리더십의 이해 • 팀빌딩 • 변화주도 셀프리더십	• 왜 여성 리더십인가 • 가정몰입을 위한 팀빌딩 • 조직 내에서와 개인의 '나' 정립	강의, 실습 (7H)
• 임원 특강 • 고성과 우수 여성 특강	• 임원 특강 • 사내 최고전문가 초청 특강	강의 (2H)
• 커뮤니케이션 스킬업 (창의 & 감성 스킬업)	• 커뮤니케이션 진단 및 스킬업 • 일과 생활 속의 창의 및 감성 적용	강의, 실습 (7H)
• Chic & Trendy • 행복한 가정, 활기찬 직장 • 감성적 파워스피치	• 멋지고 트렌디한 이미지 관리 • 인생의 성공은 행복한 가정에서 • 신뢰받는 여성의 파워스피치	강의, 실습 (6H)
• 사명서 작성 및 발표 • 피드백 및 랩업	• 조직과 개인의 사명서 작성 • 과정을 통한 다짐과 각오 공유	강의, 실습 (2H)

〈표 III-10〉 강사 교육 프로그램

구분	사내 강사 양성	테마강의 스킬업
대상	• C급 강사 중 과정 미이수자, 기관장 추천자	• C급 이상 중 강사양성교육 이수자
프로그램	• 강사 마인드 • 교안 기획 방법 • PPT 시각화와 동영상 활용 • SPOT 활용 • 기본 자세와 화법 • 흐름별 교수법	• 창의적 교수법 • 보이스 & 스피치 트레이닝 • 고급 교안 작성법

(8) 강사 교육

효과적인 강의를 위해 교육을 맡은 강사, 특히 사내 강사를 대상으로 한 교육도 이루어지고 있다. 핵심역량과 강의 스킬을 체득하기 위해 강사가 기본적으로 갖추어야 할 마인드에서부터 역할과 책임까지 이론과 실습을 접목하여 교육하고, 자신의 장점을 강화하고 약점을 보완할 수 있도록 하고 있다. 강의 실습을 통해 피드백을 받고, 보완과 클리닉을 거치는 등 철저한 교육이 제공된다. 그 이후에 행해지는 테마강의 스킬업은 강사별로 필요한 강의 역량을 업그레이드하고 참여 유도 기법, 전달력 있는 목소리와 화법 등을 습득하여 강사로서 손색이 없도록 해주는 프로그램이다(〈표 III-10〉 참조).

(9) 그룹사 · 협력사 교육

KT는 비통신사업의 발전이 가속화되면서 더 많은 그룹사를 보유하고 더 많은 외부 기업들과 협력하게 되었다. 그에 따라 KT는 그룹사와 협력사의 관리자를 대상으로 한 리더 육성 프로그램을 통해 그룹 간 시너지를 강화할 것을 계획하게 되었다. 특히 그룹사 경영진들에게 'Executive Academy'와 '그룹사 CFO 과정'을 통해 KT 그룹 차원의 통일된 리더십 가치체계를 확립하도록 했다. KT 사내 자격 분야(KTCC, KTCB 등)의 그룹사 적용에 대해 검

〈그림 III-9〉 기타 교육 프로그램

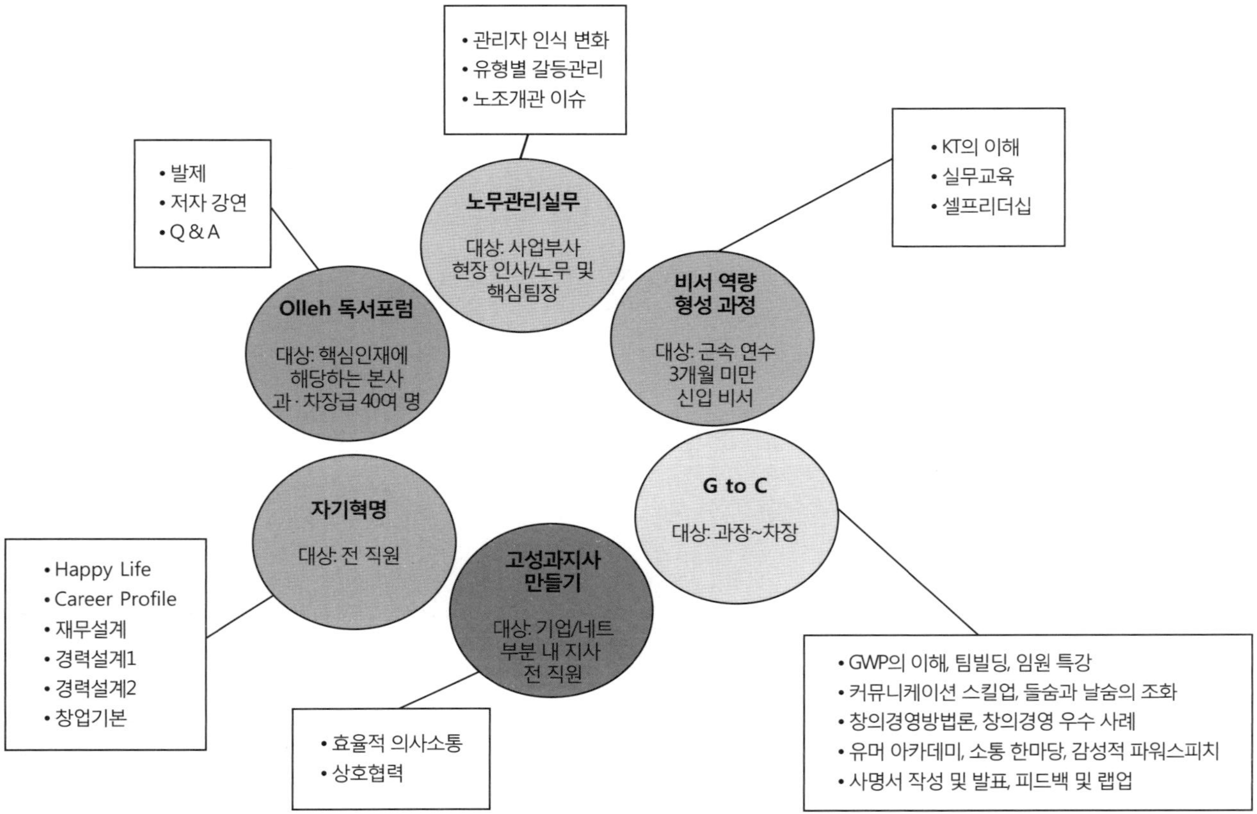

토 및 도입을 적극 지원 중이다. 또한 국가 인적자원 개발 컨소시엄 사업에 참여함으로써 협력사 무상교육을 지속적으로 확대하고, 이를 통한 수탁교육 사업을 확대해 신규 수익원 창출도 꾀하고 있다.

(10) 글로벌 교육

글로벌 사업의 다각화에 따라 글로벌 교육도 KT의 새로운 중점 교육으로 떠오르고 있다. 글로벌 프로젝트 수행 시 파견 사원들의 업무역량과 해당 국가에 맞는 협상 및 소통 기술을 교육한다. 좀 더 세부적으로는 국제 제안서 작성, 국제 비즈니스 영어 협상 기술, 프레젠테이션 등의 교육을 통해 글로벌 프로젝트 수행 인력의 성장을 기대하고 있다. 또 진출국의 역사, 사회, 문화, 기업정보 등을 해외지사 진출 사원을 대상으로 교육하고 있다.

(11) 기타 교육

특정 사원들을 위한 맞춤교육 외에도 KT는 다양한 교육을 실시하고 있다.

- **Olleh 독서포럼**: 독서를 통해 직원들의 잠재적 역량을 향상시키고 사고의 틀을 확장하는 것을 목적으로, 독서 훈련과 자기주도적 학습 습관을 이끌어 내고 있다. 팀제로 체계적으로 운영되며, 적극적 참여를 유도하는 테마형 독서포럼으로 운영된다. 이 외에도 온라인 참여 공간을 활성화하고 있다.
- **고성과 지사 만들기**: 사원들 각자가 행동 성향의 강점과 약점을 조정하고 타인의 행동 성향을 이해하여 상호 협력을 증진할 수 있도록 돕는 프로그램이다. 더 나아가 경영목표 달성을 위한 ACTION 플랜을 작성하고 지사 매출성과 측정 기준을 익히는 것이 목적이다.
- **노무관리실무**: 사업 부서 현장 인사와 노무 및 핵심 팀장이 그 대상이다. 이 교육을 통해서 노동 환경 변화에 적극적 · 능동적으로 대처할 관리자를 길러내고, 관리자의 갈등관리 기술과 대응력을 강화하게 된다. 새로운 노조문화로 국내 기업들의 본보기가 되고 있는 KT인 만큼, 노조 관리 리더를 키워 내기 위한 교육도 게을리하지 않고 있다.

- **자기혁명**: 전 직원을 대상으로 하는 교육으로, 교육 초반에는 자신의 삶에 대한 기대를 가지고 자신의 삶을 이해하게 한다. 그리고 금융 지식의 이해와 재무 설계 계획을 통해 개인의 재무 현황을 파악할 수 있도록 도와준다. 이를 통해 평생직업의식을 심어 주고 제2의 인생설계를 위한 정보를 습득하고 학습하도록 한다. 또한 개인에게 커리어 개발 마인드를 확신시키고 미래 준비를 위해 동기부여를 한다. 22시간의 교육시간 중 5시간을 경력 설계에 할애하여 사원들 개인 삶의 혁명을 돕고 있다. 직무역량과 상관없는 교육처럼 보일 수도 있지만 KT는 이를 통해 직원들이 삶의 만족도를 높이고, 그 행복이 회사에 좋은 에너지원이 될 수 있도록 하고 있다.
- **비서 역량 형성 과정**: 근속 연수 3개월 미만인 신입 비서를 대상으로 효과적인 임원 보좌와 KT 조직 체계 등 회사 전반에 대한 이해를 통한 회사 적응을 도와주는 과정이다. 소그룹 편성을 통한 실습 위주의 교육으로 시행되고 있다.
- G to C: 과장에서 차장급을 대상으로 300여 명의 리더를 양성하는 프로그램이다.

3) 교육제도와 인프라

KT는 교육 프로그램 외에도 교육제도와 인프라 구축에 나서는 등 교육을 할 수 있는 환경, 교육의 필요성을 느낄 수 있는 환경을 조성하기 위해 노력을 기울이고 있다. 특히 직원들이 작성하는 자기계발노트는 남이 정해 주는 목표가 아니라 성장 목표를 자발적으로 설정하고 자기계발의 기회로 삼기 위해 마련된 프로그램이다. 사원들이 e-HR 시스템에 전산으로 입력하면 상사는 부하 직원의 자기계발노트를 보고 그에 따른 육성과 책임을 강조하여 사원의 자기계발이 이루어지도록 돕는다. 또 전 사원을 대상으로 e-HR 시스템을 활용해 직무역량 진단을 시행하고 그 결과를 개인별로 피드백함으로써 직원의 역량이 향상되고 동기부여가 이루어지도록 한다. 그리고 진단 결과를 기반으로 역량기반 교육과정을 선택할 수 있다.

사내자격제도를 추진 중인데, 2011년 사내자격 검정 결과 사내자격 보유자가 미보유자보다 업무성과가 높고 직무만족도, 자기효능감, 학습조직화가 높은 것으로 분석되었다. 그에 따라 2012년에는 KTCM(KT Certified Mobile marketing expert) 자격을 신설하는 등 사내자격제도를 강화하고 있다. 사내자격 학습을 지원하기 위해 자율학습 콘텐츠 개발을 장려하고, 사내자격 모의고사를 시행하여 현 수준을 측정할 수 있도록 했다. 또한 참가 동기 부여를 위해 1급 이상 취득자에게는 사내강사로 활동할 수 있는 기회를 제공하고, 자격 취득 우수기관에 대해 포상 규모를 확대하는 방침을 세우고 있다.

또한 상시학습의 일환으로 스마트러닝을 계속 확대하고 있다. 서비스 가능 기기를 확대하면서 학습자의 요구와 활동이 많은 학습 Q&A와 리포트 기능을 추가 구현하고 스마트러닝 콘텐츠도 확장하여 확보하고 있다. 또 학습자 상호작용 기능을 보완한 스마트러닝 전용 과정을 제작했다.

4) 향후 교육 방향

KT는 새로운 비전인 '글로벌 ICT 컨버전스 리더'에 맞추어 ICT 분야를 이끌어 나갈 인력을 양성한다는 계획을 수립하고 이를 달성하기 위해 노력하고 있다. KT는 콘텐츠 유통과 클라우드 경쟁력을 강화하여 가상상품 유통 생태계를 주도하고 그룹사 역량의 시너지를 높이는 데 힘을 모으고 있으며, 통신사업이 하강세에 들어섬에 따라 신규사업의 발굴과 추진에 주력하고 있다. 특히 광고, 교육, 의료, 에너지 분야를 선정하여 집중 공략하고 해외 파트너와의 협력과 신흥 시장 중심의 해외진출을 적극 추진하고 있다. 따라서 이러한 방향에 맞추어 교육을 실시하여 총 6개 분야 32개 과정을 통해 약 480명을 양성할 계획을 가지고 있다. 이를 위해 IT 분야에 대한 기초지식과 전문지식을 바탕으로 멀리 바라볼 수 있는 넓은 시야를 갖춘 사원들을 육성하기 위해 단계별 프로그램을 정립하고 있다. 또한 글로벌 사업에 필수적인 어학능력이나 지역 특성에 맞는 비즈니스 기술, 협상 기술, 프레젠테이션 기술 등을 교육하여 국가별 전문 인재를 양성할 계획이다.

5 평가와 보상

KT는 직급을 폐지하고 직책을 도입하면서 성과 중심의 공정한 평가를 위해 마일리지 제도를 도입했다. 그리고 마일리지 제도를 뒷받침할 수 있도록 평가제도에 전반적인 변화를 가져왔다.

1) 마일리지 제도

(1) 마일리지 제도의 운용 내용

KT는 일단 단기적인 제도를 폐지하고 장기적인 안목에서 직원들에게 동기부여하고자 했다. 단기 성과를 기준으로 승진시키고 부서 선택에 우선권을 주어 배치하는 제도로는 직원들을 지속적으로 동기부여할 수 없다는 것을 깨닫고 2010년부터 직원 성장을 위해 마일리지 제도를 시행해 오고 있다(〈그림 III-10〉 참조).

마일리지는 성과나 역량 기준으로 사원들에게 주어지는 점수로, 직급에 따라 부여되는 기본 마일리지를 기반으로 인사평가, 직책, 전문성, 조직기여 등에 따라 점수를 쌓을 수 있으며, 일정 수준에 도달하면 승진 기회가 주어진다. 따라서 구성원들은 한 번 실수하거나 기회를 잡지 못했다고 좌절하는 것이 아니라 또 다른 기회를 찾고 다시 집중할 수 있다. 마일리지 제도는 직원들에게 장기적으로 동기부여하기 위해 고안된 만큼, 팀 성과가 아닌 개인 성과를 최우선으로 반영하고 있다. 그리고 과업의 단순 결과뿐만 아니라 창의성, 리더십, 협력 정도를 반영하여 혁신적 기업을 구축하고자 하는 회사의 경영방향을 반영하고 있다. 일정 수준 이상의 마일리지가 모이면 직책보임이 될 수 있는 자격이 주어지는데, 팀장이 되기 위해서는 100마일 이상, 상무보

〈그림 III-10〉 마일리지의 구성

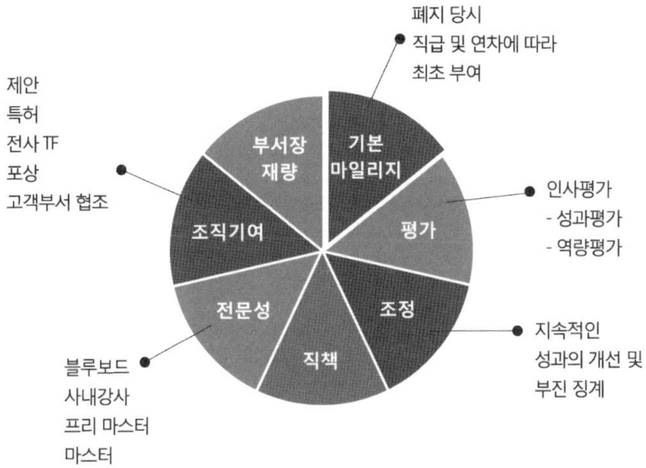

〈표 III-11〉 직책보임 및 상무보 선임 마일리지 기준

구분		마일리지
직책보임	팀장(지사 산하), 파트장 등	100마일
	지사장, 센터장, 팀장(본/사/지), 팀장(실/본부산하) 등	150마일
	담당, 지사장(중요 기관), 센터장(중요 기관) 등	200마일
상무보 선임 후보자		200마일 이상

선임 후보에 오르기 위해서는 200마일 이상이 필요하다(〈표 III-11〉 참조).

(2) 마일리지 제도의 문제점과 개선책

마일리지 제도의 가장 큰 문제로는 비슷한 경력의 사원들 간에 격차가 벌어지는 경우가 발생하는 것을 들 수 있다. 일부 직무에서는 마일리지 편차가 더 심해졌으며, 승진제도의 폐지로 인하여 승진 기회를 놓친 직원과 그렇지 않은 직원 간에 과도한 마일리지 격차가 발생했다. 또한 직원들이 자신의 마일리지가 어떻게 증가하는지 눈으로 쉽게 확인할 수가 없었다. 이런 점들을 고려하여 마일리지 제도의 개선이 이루어져 2010년부터 시행해오고 있는데, 개선된 내용은 다음과 같다.

① 평가 인정 비용의 점차적 축소

과거 승진제도 하에서의 평가 결과 비중을 축소하여 마일리지 왜곡 현상을 완화하였다.

② 직책 부여 가능 시기를 단축하기 위해 마일리지 획득 기회 확대

평가 마일리지는 구간별로 가중치를 적용하여 마일리지가 낮을수록 획득 속도가 빨라지도록 했다. 즉 75마일 미만에서는 기준 점수의 1.2배로 반영하고, 75~150마일에서는 기준 점수 그대로 반영하며, 150마일 이상에서는 기준 점수의 0.6배로 반영하였다. 평가 마일리지를 제외한 다른 마일리지에는 가중치를 적용하지 않았다.

조정 마일리지는 지속적으로 고성과를 유지하는 직원에게 추가 마일리지가 부여되도록 하여 연속 2회 고성과 달성 시 5마일, 연속 3회 달성 시 10마일, 연속 4회 달성 시 15마일을 추가로 부여했다. 4회 연속 성과평가 A등급을 달성할 경우에는 100마일 도달도 가능하다. 장기 근속자에 대한 마이너스 마일리지는 폐지되고 연속 F등급자에 대한 추가 차감이 신설되었다. 즉 연속 2회 시 5마일, 연속 3회 시 10마일, 연속 4회 시 15마일을 추가로 차감했다.

〈표 III-12〉 직급과 연차에 따른 기본 마일리지

구분	1년 차	2년 차	3년 차	4년 차	5년 차	6년 차	7년 차 이상
5급	0	10	20	30	40	50	50
4급	60	70	80	90	100	110	120
3급	123	130	135	140	145	150	155
2급	160						

주: 6급 이하는 5급 1년차 마일리지로 적용.

〈그림 III-11〉 고객부서 협조 우수자 선발 기준

누가	• 3개 CIC장(개인, 홈, 기업)
언제	• 매반기
누구에게	• 본인의 CIC가 아닌 타 부서 전체에게
얼마나	• 1인에게 최대 3마일(중복 수상 가능) • CIC장별 연간 100마일 한도
어떻게	• 반기별 50마일 한도로 대상자를 지정하여 인사 부서에 통보(사유 기재)

또한 직책 수행 시에는 마일리지를 상향 조절하는 대신에 기존 평가 마일리지에서 직책자 우대는 폐지했다.

전문성 마일리지에도 변화를 주었다. 학위 파견 관련 마일리지를 폐지하고 연간 100시간 이상 강의한 사내강사들에게 마일리지를 부여하였다. 즉 개선된 마일리지 제도에는 사원의 스펙이 아니라 현재의 성과를 마일리지 부여의 중점적인 기준으로 삼겠다는 의지가 담겨 있다.

조직기여 마일리지는 제안, 특허, 전사 TF 기여, 고객부서 협조 우수자, 포상을 기준으로 부여하는 마일리지다. 그중 포상 분야에 CEO 표창을 신설하고 KT Star나 올해의 KT인으로 선정된 사람들에게 부여되는 마일리지는 2배로 증가시켰다. 그리고 공정성을 더하기 위하여 '고객부서 협조 우수자' 선발 기준을 마련했다(〈그림 III-11〉 참조).

부서장 재량 마일리지는 200마일 한도를 폐지하고 CIC별로 '총인원×0.25마일'로 정했다(예: A부서에 직원 수가 5,000명인 경우에 A부서의 마일리지 한도는 1,250마일). 부여자는 CIC장, 본사 · 지원부서 · 독립사업부서의 장이고, 1인당 연간 최대 5마일 한도 내에서 개인별로 부여한다.

③ 마일리지 200 이상인 자에 대한 관리기준 강화

200마일을 초과했을 때는 초과분은 즉시 소멸하고 200마일로만 표시된다.

200마일 초과 후 연속해서 2년간 150마일에 해당하는 직책을 받지 못하면 3년째에는 10마일을 차감한다. 그리고 150마일에 해당하는 직책을 수행하지 않았을 때는 190마일까지만 올라갈 수 있도록 했다. 즉 전 단계 직책을 수행하지 않으면 200마일에 도달하는 것이 불가능하도록 제한한 것이다.

2) 평가제도의 변화

(1) 평가제도 구성의 변화

평가제도 개선의 가장 큰 방향은 성과에 따른 차등을 강화하고 현장의 사기를 높이기 위한 평가방식으로의 변화였다. 인사평가는 크게 성과평가와 역량평가로 나눌 수 있다. 성과평가는 업무실적이나 개인성과, 즉 일의 결과가 어떠한가에 대한 평가이고, 역량평가는 업무 수행 과정에서 회사의 핵심가치인 ACTION이 얼마나 발현되었는가, 즉 어떻게 일하는가에 대한 평가가 주를 이루었다. 그리고 상향평가뿐만 아니라 동료평가까지 포함한 다면평가로 구성하였다(〈그림 III-12〉 참조).

(2) 성과 평가방법

성과 평가방법도 대폭 수정하였다. 이전에는 평가 시점부터 사원의 상대서열을 감안한 평가가 진행되었다. 즉, 승진할 사람이나 가장 고과를 잘 줘야 할 사람을 염두에 두고 평가하는 경향이 있었다. 하지만 KT는 오직 평가기준에 따라 점수화하는 방향으로 평가방법을 수정했다.

계량 평가는 기존과 동일하게 시스템에서 자동 산출되도록 하고 비계량평가에 변화를 두어 질문서에 응답하는 채점 방식으로 변경하였다. 과제별로 질적 · 양적 · 시간적 기준에 의거하는 채점 방식으로 바꾸었다. 과거에 평가자가 목표와 실적을 보고 바로 점수를 입력했던 것에 비해 양적 · 질적 · 시간적 기준에 따라 체계적으로 채점하고, 채점 후에 시스템에서 자동으로 점수가 산출되도록 했다. 과거에 주관적 평가의 여지가 있었던 점을 개선하기 위해 사전에 설정된 기준 대비 채점방식을 통한 객관적 평가가 가능하

〈그림 III-12〉 평가제도의 구성

인사평가

성과평가

계량/비계량 연초 목표 대비 실적 평가(직무별 반영 비율 차등)

- 업무실적: 목표 설정(연초) → 목표 조정 → 평가(상/하반기) → (원점수 → 실/본부 단위 표준점수)
- 개인성과 평가: 업무실적 표준점수 → 조정(±10점) → 점수 순위에 따라 자동 등급 결정

역량평가

업무 수행 과정에서 회사의 핵심가치(ACTION) 발현 정도 평가
= 어떻게 일하는가?

- 직원: 핵심역량(ACTION) 100% 반영
- 직책자: 핵심역량(ACTION) 50%, 리더십역량 50% 반영
- 표준점수 산출, 조정, 자동등급 결정 과정은 성과평가와 동일

다면평가

- 동료평가/상향평가(절대평가)
- 역량평가 제한(D등급자 역량 A 불가)

도록 했다. 특히 평가기준을 KT의 핵심가치인 ACTION의 여섯 가지 항목에 따르도록 하여, ACTION이 곧 '일하는 방식'의 기준이 되도록 하였다. 그리고 만약 평가에 이의가 있다면 신청하여 후속 절차를 밟을 수 있도록 제도를 마련하였다. 그 결과 평가의 공정성과 객관성이 제고되고 사람 중심이 아닌 성과 중심의 평가가 실현되었다.

표준점수를 산출하고 최종 등급을 확정하는 과정도 평가성향에 관계없이 객관적 평가가 이루어지도록 설계되었다(〈그림 III-13〉 참조). 표준점수는 대그룹 평가(실/본부/단 단위)에 따라 평가자별 평가성향 보정을 위해 평균과 표준편차를 이용하여 개인 원 점수를 모집단 내(실/본부/단)의 상대적 위치로 변환한 값이다. 이 표준점수에 최대 10점을 더하거나 감하여 개인성과 등급을 확

〈그림 III-13〉 점수 산출 및 평가 과정

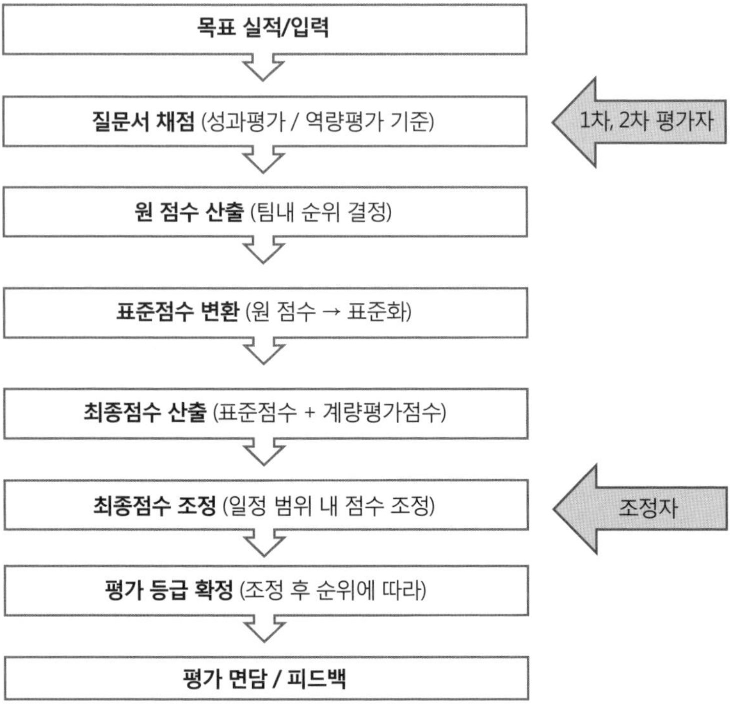

정짓고, 표준점수에 최대 25점을 더하거나 감하여 역량평가 등급을 확정짓는다. 성과평가와 역량평가의 등급 차는 상하 1단계가 유지되도록 했다.

(3) 평가자의 역할

1차 평가 후 직상급자가 다시 2차 평가를 하였다. 2회에 걸쳐 평가가 이루어지고 3차 평가자가 조정자 역할을 하도록 했다.

(4) 이의신청제도의 보강

KT는 평가 후 이의신청제도를 보강하여 평가 결과가 공개되면 이메일이나 홈페이지를 통해 이의 신청을 할 수 있도록 했다(〈그림 III-14〉 참조). 그 후 1차 면담과 2차 면담이 가능하고, 이를 통해서도 이의가 해결되지 않으

〈그림 III-14〉 평가 이의 신청 및 후속절차

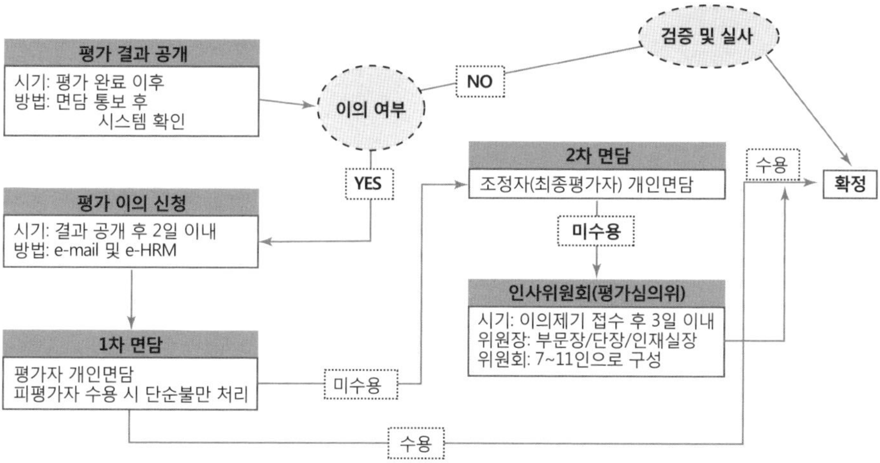

면 평가심의위원회에서 공정하게 다루어지게 된다. 그리고 이런 민원이 많이 제기된 부서에 대해서는 별도의 감사를 시행하여 실제로 어떤 문제가 있는지를 상세히 조사한다. 또한 공식 이의 신청 프로세스 외에도 '평가 신문고 제도'를 만들어 인재실과 윤리실에서 연중 상시로 '이의 신청 핫 라인'을 운영하여 기 임시위원회에서 심의 완료된 건을 제외한 모든 부분을 대상으로 신고할 수 있도록 했다. 또한 고이적 평가왜곡 등 불공정 평가 행위자에 대해서는 엄정한 인사 조치가 이루어지도록 했다.

(5) 평가그룹 조정

평가그룹도 연봉에 따라 4개의 그룹으로 나누어져 있던 것을 2개의 그룹으로 변경하였다. 그러나 직책자 그룹과 입사 1, 2년차 그룹, 고객서비스직 그룹은 기존과 동일하게 별도의 그룹을 유지하도록 하였다. 결과적으로 평가그룹 모집단이 확대되고 더욱 객관적이고 공정한 평가가 가능하게 된 것이라고 할 수 있다.

A, B등급자가 기존에 20% 정도이던 것에 비해 변경 후에는 30%로 1.5배가 증가하였다. 그에 더하여 C^+등급을 C등급과 마일리지 차이를 두어 신설

〈그림 III-15〉 평가등급 비율 상향 조정

등급	A	B	C	D	F
배분율	5%	15%	60%	15%	5%

⬇

등급	A	B	C+	C	D	F
배분율	10%	20%	20%	30%	15%	5%

하였다(〈그림 III-15〉 참조). 전체적으로 다른 사원과의 차별화 가능성이 높아져 사원들의 동기부여에 도움이 된 것으로 평가되고 있다.

6 경력관리

1) Talent Market 제도

Talent Market 제도는 사내 공모 채용 시스템에 시장 메커니즘을 도입한 것으로, 직원은 자기 자신의 역량을 고려하여 원하는 부서에 지원할 수 있고 공모한 부서에서는 지원자 중 적합한 사람을 선발할 수 있는 제도다(〈그림 III-16〉 참조). 비공개적 스카우트가 아니라 사내 IT 시스템을 통해 인력 모집 부서와 인원, 지원조건 등이 전체 공개되는 채용방식이기 때문에 구성원들은 공정하고 투명한 배치를 받을 수 있다. 이는 사내공모방식으로서 개인은 자신의 역량을 잘 발휘할 수 있는 분야에서 일할 기회를 주고 동시에 경쟁을 유도하면서 각종 차별을 방지하고 공정한 기회를 제공한다.

Talent Market 제도는 크게 공모등록, 지원, 심사의 3단계로 구성되어 있다(〈그림 III-17〉 참조). 공모등록 시 지원기간은 최소 3일 이상이어야 하며,

〈그림 III-16〉 Talent Market 제도의 개요

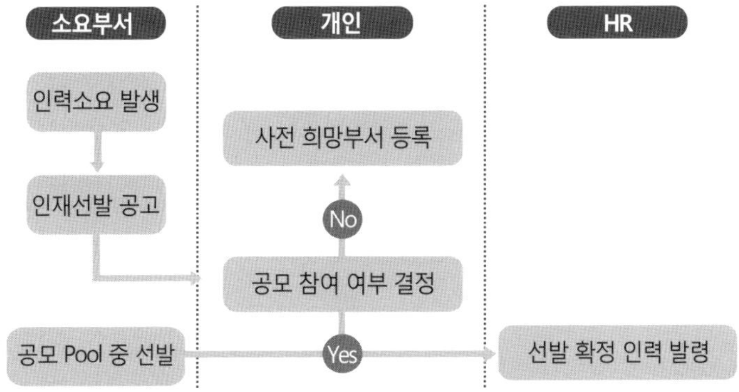

〈표 III-13〉 Talent Market 현황(2011)

구분	공모 건수(건)	지원 건수(건)	지원자 수(명)	선발인원(명)
수시 Talent Market	2,324	4,705	4,091	1,883
정기 Talent Market	4,994	11,585	10,671	4,153
합계	7,318	16,290	14,762	6,036

공모인원은 모집 가능 인원 이하로 설정해야 한다. 포지션의 설정도 필수적이며, 특정 조직/직무 대상자로 지원을 한정하는 것도 가능하다. 사원들은 사내 페이지를 통해 공모 현황을 확인한 후 지원할 수 있다. 지원동기를 작성한 후 경력목표, 경력목표 달성을 위한 경력개발계획, 주요 업무성과, 전문분야 및 전문지식, 강점 및 개선점 등을 담은 자기소개서도 작성해야 한다. 그리고 여러 공모에 동시 지원할 때에는 지망 순위를 설정하여 제출한다.

사원들의 지원을 기반으로 각 부서에서는 인력을 선발하는데, 동일하게 사내 IT망을 통해 프로필과 지원동기를 열람할 수 있다. 지원자 심사를 위해서는 직원의 경우 심사위원 1명 이상, 직책자의 경우 심사위원 2명 이상이 필수적이다. 심사 기준은 직무연관성과 공모요건 충족도이며, 각 심사위원이 5점 만점 기준으로 점수를 책정한다. 심사 평균점수가 5점 이하(직무연관성

〈그림 III-17〉 Talent Market의 프로세스

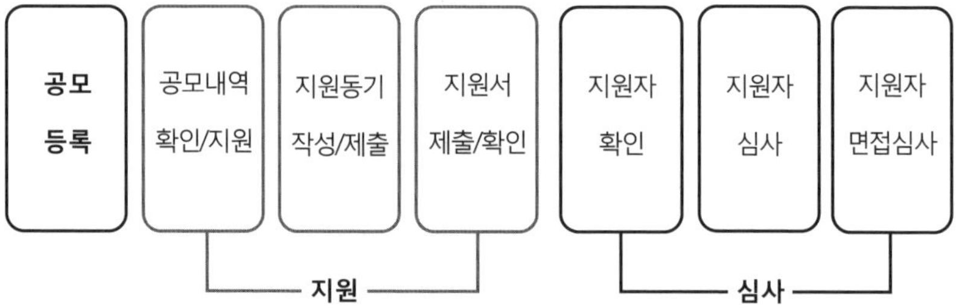

5점 + 공모요건 충족도 5점 = 10점 기준)인 경우에는 아예 선발이 불가능하다. 그리고 이후 면접을 통해 면접의견 및 면접점수(10점 만점)를 다시 사내 페이지에 기록한다. 근속 연수가 2년 미만일 경우 Talent Market 제도의 활용이 원칙적으로 제한되어 있으나, 소속 상무의 승인이 있으면 가능하다. 선발하고자 하는 인재가 추려지면 선발 사유와 활용계획에 대해 입력한 다음 후보군으로 설정하는데, 이는 선발 과정에서 심사의 타당성을 높이기 위한 하나의 관문이다. 또 선발된 사람이 부득이한 사정으로 직무를 옮기는 것이 불가능한 경우를 대비하여, 지원자 중 선발되지 않은 사람을 차순위 후보로 설정하는 것이 가능하다. 이런 과정을 통해 최종적으로 직원이 결정되고 그 부서로 배치된다.

Talent Market 제도의 가장 큰 장점으로는 경력관리가 가능하다는 점을 들 수 있다. 이 제도를 시행하기 전에는 KT 내 직무이동은 평균 1.4년에 한 번꼴로 이루어졌다. 민영화되었지만 직원 중 대부분은 공기업이었던 KT에 입사한 사람들이었다. 공기업 문화가 사라지지 않아서 이직률이 낮았고, 직원들은 경력에 대해 깊이 고민하기보다는 팀원들 간의 화합이나 승진에 유리한지 여부를 고려하여 직무를 옮겼다. 하지만 독점체제에서 벗어나 경쟁이 시작되자 경력이 많은 전문가의 중요성이 대두되었고, 경력개발과 상관없이 직무를 바꾸던 직원들 사이에서 한 직무에 전문성을 갖춘 사람을 찾는 것은 어려운 일이었다. 민영화된 후 KT의 큰 과제 가운데 하나가 직원들의 '경

력개발'이었고, Talent Market 제도는 이를 가능하게 했다.

KT는 제도 신설에 만족하지 않고 장단점을 파악하여 더 나은 제도를 만들기 위해 꾸준히 노력하고 있다. 범위를 넓혀 상무보급까지도 공개 모집하는 상향식 Talent Market, 개인의 역량과 특성 파악이 느린 구성원을 위해 컨설팅과 배치를 도와주는 맞춤형 Talent Market까지 도입하고 있다.

2) 경력개발 프로그램(Career Development Program, CDP)

KT는 직원의 경력 비전 달성을 위한 역량 모델링을 실시하고 이를 토대로 육성계획을 수립하기 위해 Specialist/Generalist 트랙별 경력개발 프로그램을 제도화했다(〈그림 III-18〉 참조). 글로벌 ICT 컨버전스 리더로 성장하기 위해 17개 직종, 85개 직무의 신직무체계를 준비하여 2012년 7월부터 적용하였다. 이에 인재경영실은 신직무를 기반으로 역할별 역량 모델링과 진단 툴, 직무별 육성 마스터플랜을 마련했다. 장기적인 측면에서 직원의 직무 전문성을 높이고 자기계발을 지원하는 것을 목표로 삼았다. 이러한 경력개발 프로그램을 통해 직원들의 경력개발이 가능하도록 했다.

KT는 시장가치를 제고하기 위한 육성 및 배치 기회를 제공함과 동시에 해당 직무 또는 직종의 글로벌 수준의 전문가를 육성하기 위해 사원들의 직무 연속성을 유지하도록 했다. 특히 이를 위해서는 단계적으로 직원의 부서 이동을 해당 직무 또는 직종 내로 제한하고, 이를 뒷받침하기 위해 금전적인 보상체계를 개선하는 등 각종 인센티브를 통해 직원이 스스로 동일 직무 또는 직종을 지속적으로 수행하도록 유도하는 기반을 마련하였다.

경력개발 프로그램은 인사 및 기획부서가 협업으로 작업한 성과물로, 신직무 도입에 따른 직무역량체계를 가장 먼저 구축했다. 직무역량체계는 역량개발을 위한 육성체계 수립, 분야별 전문성 확보, 인사제도와의 연계를 통해 'Top Talent in ACTION' 지원을 목표로 하고 있다.

과거 우리나라 기업에는 대부분 수직적 문화가 자리 잡고 있었고, 공기업의 특성을 띠고 있던 KT도 마찬가지였다. 하지만 KTF와의 합병과 함께 KT

〈그림 III-18〉 경력개발 프로그램의 설계 과정

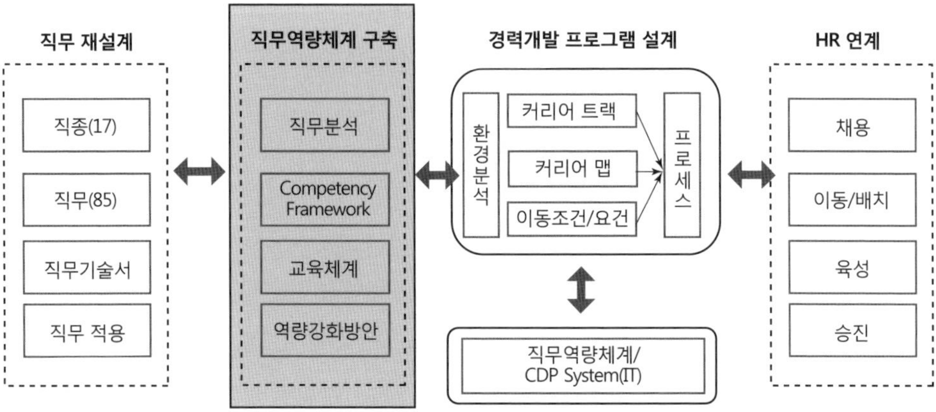

는 기업문화를 바꾸어 나가며 권한 위임 및 조직의 수평화를 이루어 나가기 시작했다. 위계적 질서와 명령으로 진행되던 조직이 수평화를 이루어 가면서 자기 주도적인 업무 진행의 비중이 늘어남에 따라 실무자의 독립적 업무 수행능력이 요청되었다. 또 모든 평가가 연차가 아닌 성과 중심으로 이루어지다 보니 성과기준의 명확화와 평가공정성이 요구되었다. 따라서 성과와 직접 연관되는 지식, 스킬, 태도, 특성, 능력 요소를 뚜렷하게 제시할 필요가 있었다. 또한 구성원에 대한 경력개발 요구가 증가함에 따라 직무요건의 명확화, 교육기회 및 경력개발 경로를 제안해 주는 길잡이의 필요성이 대두되었다. 전체적으로 직무 관련 역량에 대한 체계적이고 구체적인 정의와 개발 활동으로의 연계가 필요하다는 결론이 도출되었다. 이에 따라 KT만의 직무역량체계를 구축하게 되었다(〈그림 III-19〉 참조).

먼저 KT는 직무분류체계를 확고히 했다. 85개 직무의 주요 수행 내용 정의를 토대로 다시 4개의 레벨(상무보, 팀장, Sr. 매니저, 매니저)로 세분화하였다. 총 340개 단위로 직무 목적, 역할, 사전 경험 직무, 자격 권고 요건을 정의한 다음 역량체계의 기틀을 잡았다. 총 107개의 직무역량(535개 진단항목)에서 리더십 역량 16개(32개 진단항목), 직무행동역량 34개(68개 진단항목), 직무전

〈그림 III-19〉 직무역량체계의 구축

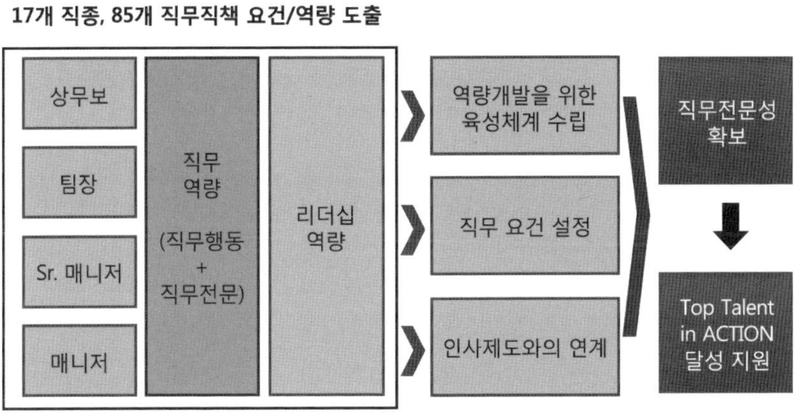

문역량 1,360개(1,360개 진단항목)으로 확장했다(〈그림 III-20〉 참조).

그리고 〈그림 III-22〉와 같은 절차와 근거에 의해 역량체계를 확정하도록 했다. KT 내부 역량을 전체 리더십 역량과 직무행동역량에 반영했다. 그래서 최종적으로 직책별 역할을 고려하고 타사의 사례 등을 참고하여 리더십 역량과 직무행동역량을 확정하였다. 직무전문역량도 유관 기업의 자료를 참고하고 영국, 미국 노동부의 객관적이고 전문적인 Job description을 참고하여 직책별 역량을 정리한 뒤 재구조화하였다.

이렇게 역량체계를 설계한 뒤, KT는 그 역량을 키울 수 있는 육성 프로세스도 개발했다(〈그림 III-24〉 참조). 이전에는 역량진단과 자기계발노트의 작성 시점이 일치하지 않았고, 직무전문성 개발이라는 육성 목표도 불명확했다. 역량과 교육과정을 설계하는 데 필요한 정보도 불완전했고, 역량개발을 위한 정례화된 제도들의 주기적 실행도 시스템적으로 안정적이지 않았다. 따라서 이러한 점들을 개선할 필요가 있었다. 우선 '역량진단 — 역량진단 결과 피드백 — 자기계발노트 작성 — 역량 재진단'의 절차를 준수하도록 분명히 했다. 그리고 목표를 확실히 하여 1차 목표는 현 직무/직책(Level) 역량 요구수준 달성으로, 2차 육성 목표는 현 직무/상위직책(Level) 역량 확보로 정

〈그림 III-20〉 직무역량체계의 구성

AS-IS (직무당 직무역량 5개, 25개 지표)

- 총 107개 직무역량, 535개 진단항목
- 직책에 관계없이 85개 직무 단위별 5개 직무역량만 평가 (총 25개 항목)

TO-BE (직책과 직무를 동시에 고려)

[예 1] 직무1(역량1, 역량2, 역량3) ...... 직무85(역량1, 역량2, 역량3)			직무전문	**[예 2]** 직무1(역량1, 역량2, 역량3) ...... 직무85(역량1, 역량2, 역량3)		
Group 1	Group 2	Group 3	직무행동	Group 1	Group 2	Group 3
의사소통 글로벌 마인드	고객감동 서비스 수리통계능력	내부 협력 마인드 의사표현력		우호적 관계 형성	변화/혁신 주도	조직 내 관계 형성
세밀한 일처리, 문서 작성 및 관리, 정보 수집 및 활용, 분석적 사고				미래 예측 및 대응, 경영환경분석, 사업통찰력, 신속한 의사결정		
- 자기개발 - 자기주도성 - 팔로우십			리더십	- 전략적 사고 - 조직역량 강화 - 변화주도	- 인재양성 - 효과적 의사결정	
[예 3] 직무1(역량1, 역량2, 역량3) ...... 직무85(역량1, 역량2, 역량3)			직무전문	**[예 4]** 직무1(역량1, 역량2, 역량3) ...... 직무85(역량1, 역량2, 역량3)		
Group 1	Group 2	Group 3	직무행동	Group 1	Group 2	Group 3
업무 모니터링	설득/영향력	개념적 사고		업무 네트워크 형성 손익감	다중적 업무 수행 비즈니스 이해	즉각적 대응, 아이디어 도출 및 수용
목표 달성 및 관리, 업무 추진력 합리적 · 논리적 접근 현상 및 조정				시스템의 사고, 전략적 기획력, 계획 수립, 문제 분석 및 해결		
- 전략적 사고 - 조직역량 강화 - 변화주도	- 인재육성 - 효과적 의사결정		리더십	- 효과적 의사소통 - 솔선수범 - 성취지향		

〈그림 III-21〉 전략기획 직종, 사업전략 직무의 예시

AS-IS

전략 기획 직종-사업 전략 직무 5대 역량

전략적 기획력

비즈니스 이해	사업 타당성 분석
사업모델 구체화	고객 및 시장분석

정의	행동지표(역량별 5개)
주어진 목표를 효과적으로 달성하기 위한 전략을 수립하고, 세부 실행계획을 기획하는 능력	① 추진 과제의 현재 강/약점과 외부의 기회/위협 요인을 체계적으로 분석하여 핵심 성공요인을 신속 정확히 찾아낼 수 있다. ② 전략 및 계획수립 방법론, 절차, 유사 사례, 최신 트렌드 등을 전략 및 계획 수립에 효과적으로 적용할 수 있다. ③ 경쟁사 또는 기존 안 대비 독창적이고 차별화되면서 실효성 있는 전략을 발굴하여 계획(기획)안에 제시할 수 있다. ④ 완성된 기획안을 지사 입장을 포함한 경쟁사, 고객, 공급자, 정부 등 여러 관점에서 검토하고 문제점을 찾아내어 개선할 수 있다. ⑤ 최종 입안된 전략과 세부실행계획을 관련 부서/담당자에게 효과적으로 전달/설명하고, 실행의 성공을 위해 협조적 관계를 유지할 수있다.

진단 척도(1-6) Level	발휘빈도
Lv6 : 해당 행동을 항상 보임	10회 중 9~10회
Lv5 : 해당 행동을 자주 보임	10회 중 7~8회
Lv4 : 해당 행동을 보여야 하는 상황에서 반 이상 보이는 편	10회 중 5~6회
Lv3 : 해당 행동을 가끔 보임	10회 중 3~4회
Lv2 : 해당 행동을 아주 가끔 보임	10회 중 1~2회
Lv1 : 해당 행동을 전혀 보이지 않음	10회 중 0회

Level(직책)별로 차별화된 역할에 맞게 리더십, 직무행동, 직무전문역량을 세분화하여 반영

TO - BE

구분	전사 동일 적용	직무 그룹 간 차별	직무 간 차별	총개수
	리더십 역량	'사업전략' 직무행동역량	'사업전략' 직무전문역량	
Level 4 (상무보)	전략적 사고, 조직역량 강화, 변화주도, 인재육성, 효과적 의사결정	신속한 의사결정, 사업통찰력, 경영환경 분석, 조직 내 관계 형성	대외사업 추진력, 자금조달 및 배분, 사업모델 개발	13개 역량 23개 문항
Level 3 (팀장)	전략적 사고, 조직역량 강화, 변화주도, 인재육성, 효과적 의사결정	목표 달성 및 관리, 업무추진력, 합리적·논리적 접근, 협상 및 조정, 개념적 사고	사업전략 수립, 전략적 제휴, 재무전략 수립	13개 역량 23개 문항
Level 2 (Sr. 매니저)	효과적 의사소통, 솔선수범, 성취지향	문제 분석 및 해결, 계획수립, 전략적 기획력, 시스템적 사고, 즉각적 대응, 아이디어 도출 및 수용	사업타당성 분석, 통신정책 대응, 프로젝트 기획, 사업투자전략 기획, 사업 리스크 관리	14개 역량 23개 문항
Level 1 (매니저)	자기개발, 자기주도성, 팔로우십	세밀한 일처리, 문서작성 및 관리, 정보수집 및 활용, 분석적 사고, 내부 협력 마인드, 의사 표현력	경영실적 분석 및 평가, 사업전략 수립 프로세스 개선, 사업예산 및 투자관리, 재무 이해/분석, 외부환경 분석 및 대응	14개 역량 23개 문항

〈그림 III-22〉 역량 선정 절차와 근거

<직무행동역량>

1 리더십/직무행동역량 Pool 구성

- **외부컨설팅 기관인 PSI 역량 사전(국내외 기업대상 컨설팅 결과물 DB), 미국 inkage.사의 역량 사전 등을 활용**
- **KT 내부역량 → Pool에 반영**

2 리더십/직무행동역량 선정 (SME WS)

- **선정기준**
  - 직책 Level별 역할 고려
  - 직책 Level 간 중복 없이 선정
  - Lv3, 4는 리더십 역량 평가
- **선정된 역량 평가**
  - 업무성과 기여도, 발휘빈도 개인별로 평가

3 리더십/직무행동역량 취합 및 최종선정

- **선정기준**
  - 직책 Level별 빈도가 높은 역량 선정
  - 업무 성과 기여도, 발휘빈도 각각의 총 평균을 곱하여 결과가 높은 순서대로
  - 직책별 역할 고려하여 조정 (PSI)

4 타사 사례 등을 참고하여 최종 확정

- **Level(직책)별 단계적 육성 관점에서 판단**
  - Lv1에서 Lv4까지의 단계적 · 포괄적 육성 관점에서 중첩 역량은 하위 직책 우선 적용 (Lv3, Lv4는 기 운용되고 있는 리더십 역량 준용)
  - 타 기관 결과물을 참조하여 역할에 최적한 역량을 중심으로 조정

<직무전문역량>

1 직무전문역량 Pool 구성

- **SKT, 한화, S&C 등 ICT 유관기업**
- **영구, 최고의 직무수행능력 인증 평가 기관인 EDEXCEL의 ICT 부문 평가지표**
- **AT&T, BT, 미국 노동부의 Job Description 상의 요구 지식, 스킬 등**

2 직무전문역량 1차 선정 및 재구성 (SME WS)

- **직무 전문 역량 선정 기준 (SME Workshop 진행 시)**
  - 1차. 직무전문역량 Pool상에서 선정
  - 2차. 역량Pool에 없는 경우 추가작성 가능
  - 직책 Level별 차별화

3 직무전문역량 재구조화

- **재구조화**
  - 직책 Level별 역량 개수 조정 → Lv1~Lv2 5개씩, Lv3~Lv4 3개씩
  - 역량 수정 시
    - 직무역량명칭: 직무명을 최대한 살려서 직무전문역량 명칭에 반영
    - 역량통합: 유사성 높은 중복 내용 중심
    - 역량추가: 같은 직종 내 동일 직책 Level 간 통일성 고려

〈그림 III-23〉 중요 역량 선정(업무성과 기여도×발휘빈도)의 예시

직책 Level	리더십/직무행동 역량	선정빈도	업무성과 기여도			발휘빈도			종합 (a × b)
			a	…	평균	b	…	평균	
Lv4 (상무보)	전략 설정	7	9		8.81	9		8.22	72.42
	비전 공유	5	9		8.31	9		6.89	57.33
	공정한 평가	5	7		7.38	7		7.72	57.05
	전략 실행	5	6		7.40	9		6.87	51.13
	…	…	…			…		…	…

하고 경력개발과 연계하여 강화하였다. 그리고 역량과 교육과정 설계에 필요한 정보를 효율적으로 제공하기 위해 85개 직무단위의 직무전문역량 맵과 교육과정을 연계시켰다.

그리고 이런 프로세스에 맞춰 경력개발 프로그램을 설계하고 환경 분석을

〈그림 III-24〉 역량 육성 프로세스

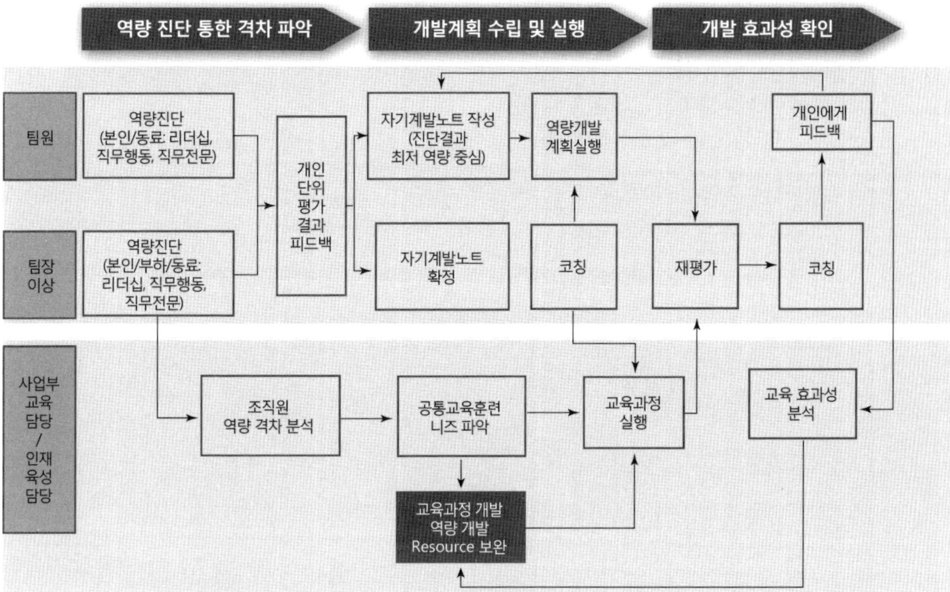

통해 그 방향성을 도출했다. KT는 직원의 잦은 이동 경향으로 직무전문성과 직무몰입도가 대체적으로 낮았고(〈그림 III-25〉 참조), 회사 차원의 강력한 경력지원제도를 통한 개선이 필요한 상황이었다. 주요 부서(본/사/지)의 경우에 이동인력의 비중이 더 높았다. 이들 부서의 경우 5,132명 중에 1,771명(35%)이 Talent Market(TM) 제도를 이용하여 이동했고, 실/본부 간 이동인력 비중이 높았다(〈그림 III-26〉 참조). 직무 변경 규모도 매우 컸는데, 특히 전문성이 심화되는 시기인 8년 차 이상의 이동 비중이 높은 것이 문제점으로 드러났다. 따라서 추가적으로 이해 관계자별로 요구사항을 청취함으로써 경력지원제도의 방향성과 중점 과제를 도출했다.

KT는 이런 문제점들에 초점을 맞추어 회사와 직원이 모두 만족하는 경력개발 프로그램을 도출하고자 노력했다. 이를 위해서는 직무 특성에 따른 직무 전문가 육성을 위한 경력개발 모델 및 Talent Market 등 제도의 개선과 관련된 인프라의 확충이 중요했다.

〈그림 III-25〉 직무이동과 경력개발 관련 문제점

직무 이동 현황

- **잦은 직무 변경 경향**
  - 잦은 조직개편 또는 신설(회사 측면)
  - 경력관리에 대한 소통(직원 측면)
- **저성과자 위주의 직무 이동 추세**
  - 인사고과 C등급 이하인 직원이 전체 TM 응모자의 85% (2009. 7~2011. 6)

직원의 경력개발 관련 문제점

- **탐색기 이후 직원의 직무몰입도 저하**
  - 입사 3년 이후 급격한 저하 현상(특히 시장가치와 경력기회에 대한 만족도가 낮음)
  - 회사의 경력개발 지원에 대한 불만 존재

시장가치: "우리 회사에서의 근무경력이 외부 시장에서 인정받는다."
경력기회: "우리 회사에서 나의 장래 경력 기회는 밝은 것 같다."

〈그림 III-26〉 직무이동 현황(2010. 6~2011. 5)

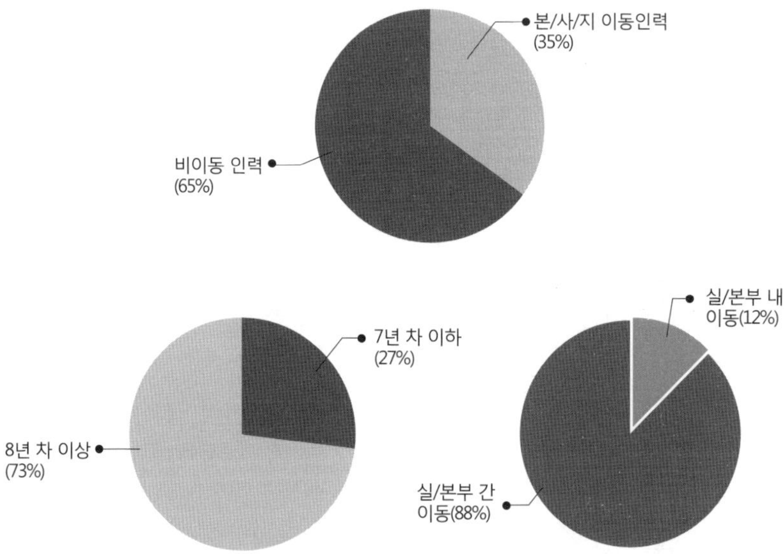

〈그림 III-27〉 경력개발 관련 만족도

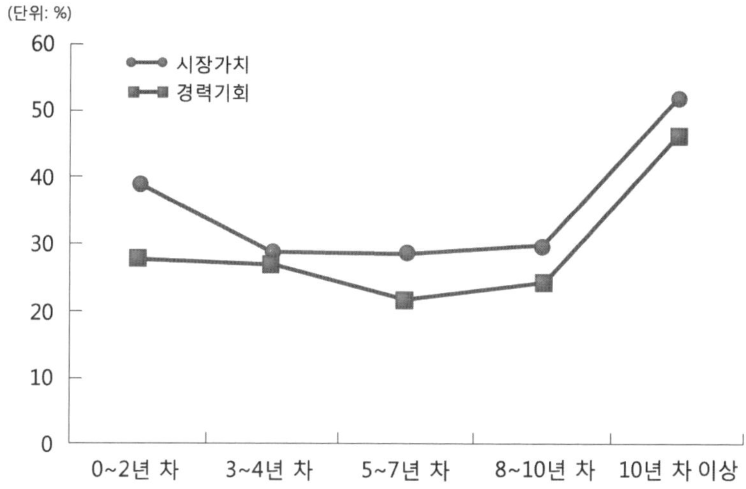

〈그림 III-28〉 경력개발 프로그램의 중점 추진 사항

직무 특성별 경력경로 설정

- Generalist, Specialist 트랙 도출
- 트랙별 경력경로 모형 도출

제도 및 프로세스 개선

- TM 제도 개선(경력개발 관점)
- 경력경로, 단계 및 이동 원칙 확립

관련 인프라 보강

- 직무 · 직종별 커리어 맵 제공
- CDP IT System 개발(IBT 연계)

회사 관점에서는 글로벌 ICT 입지 강화, 인적 자원의 합리적 조달, 전문가 육성, 일부 분야에 대한 인력 편재 극복이 주요 목적이었다. 직원들이 원한 것은 경력 단계별 역량개발, 자기주도형 경력개발, 각자의 시장가치 증대였다. 이런 회사와 직원들의 욕구를 파악하여 모두를 만족시킬 수 있도록 경력개발 프로그램의 추진 방향을 잡았다. ① 직무전문가 육성 관점의 경력개발, ② 직무 특성에 기반을 둔 경력 경로 설정, ③ 직원주도 및 회사지원형, ④ HR 제 영역과 연계라는 네 가지 방향을 설정하고 〈그림 III-28〉과 같은 경력개발 프로그램의 중점 추진 사항을 도출했다.

7 복리후생

1) 혁신복지

(1) 리프레시(Refresh) 휴직제도

KT가 제공하는 복지의 첫 번째 키워드는 '혁신'으로, 혁신적인 복지제도를 추구하고 있다. 그 한 예로 오랜 기간 좋은 성과로 일해 온 직원에게 주어지는 특별한 기회인 리프레시 휴직제도를 들 수 있다. 2009년 노사 합의를 통해 선보인 리프레시 휴직제도는 1년에 2회 신청자 가운데 선발을 통해 7년 연속근무자에게는 6개월, 10년 연속근무자에게는 1년의 휴직이 가능하도록 한 제도다. 충분한 자기계발 시간과 재충전 기회를 주는 것이 이 제도의 특징이다. 〈표 III-14〉에서 보는 바와 같이 2010년에는 189명, 2011년에는 198명으로 2011년까지 총 387명이 리프레시 휴직제도의 혜택을 받았다. 선발된 사람들의 평균연령이 43.6세이고, 여성 비율은 39%, 평균 근속연수는 18.9년 정도다. 주요 신청사유는 '자기계발'로 전체 선발자 중 38%를 차지하고 있다. 리프레시 휴직자 가운데 7.2%인 28명이 퇴직했으나, 그 중 평가에서 C등급을 받은 사람이 55.6%, D등급을 받은 사람이 25.9%이며

〈그림 III-29〉 부문별 리프레시 휴직 이용자 현황

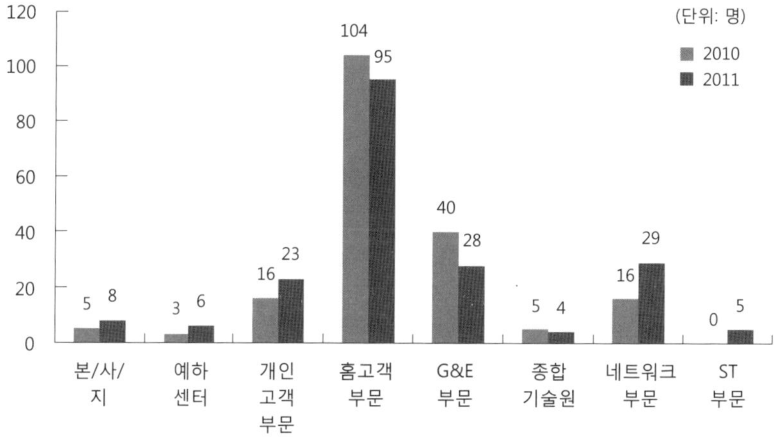

〈표 III-14〉 리프레시 휴직제도의 운용 추이

구분	휴직 발령 시기				합계/평균
	2010. 4	2010. 10	2011. 4	2011. 10	
선발자	69명	120명	96명	102명	387명
퇴직자	13명	11명	4명	–	28명
퇴직률	18.8%	9.2%	4.2%	0%	7.2%
평균연령	42.5세	44.0세	42.6세	44.8세	43.6세
여성 비율	39%	38%	46%	32%	39%
평균 근속 연수	18.0년	19.6년	18.1년	19.6년	18.9년
주요 신청 사유	건강관리 (26%)	자기계발 (49%)	자격증취득 (28%)	자기계발 (43%)	자기계발 (38%)

A, B등급 전원은 퇴직하지 않아서 핵심인재의 퇴직은 없는 것으로 분석되고 있다.

2010~2011년 리프레시 휴직 후 복직자(173명, 107명 응답)를 대상으로 설문조사를 실시한 결과, 휴직기간 주요 활동내역으로 '체력증진'과 '관심 분야

〈그림 III-30〉 리프레시 휴직기간 중 주요 활동 내역

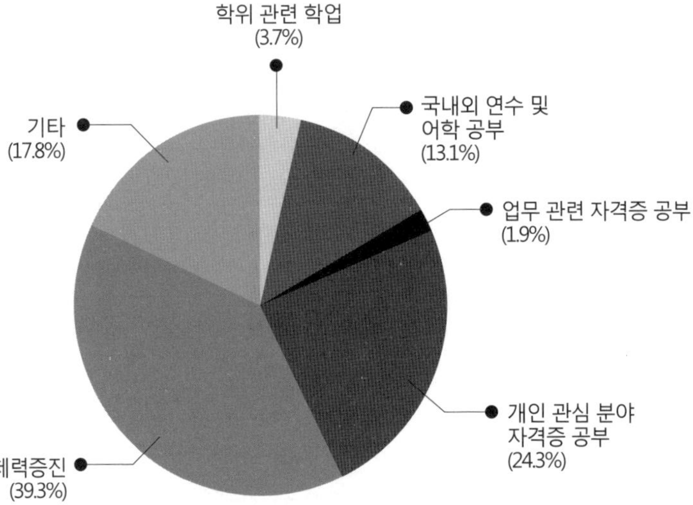

〈그림 III-31〉 리프레시 휴직제도에 대한 만족도

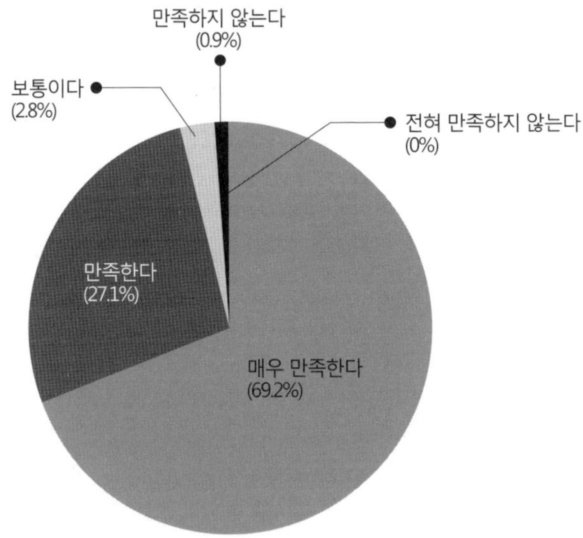

학습'이 주를 이루었고(〈그림 III-30〉 참조), 휴직 후 만족도는 96%로 아주 높았으며(〈그림 III-31〉 참조), 회사에 대한 충성심(loyalty)도 43% 정도 향상된 것으로 보인다. 시작된 지 2년밖에 되지 않은 제도가 이렇게 높은 만족도를 보인 것은 아주 고무적인 성과라고 할 수 있다.

이와 같이 리프레시 휴직제도가 성공적인 결과를 가져왔지만, 보다 나은 제도로 개선하려는 노력은 계속되고 있다. 그 예로, 리프레시 휴직제도를 이용하여 학교에서 수업을 듣고자 하는 직원들을 위해 기존에 휴직이 4월과 10월에 시작되던 것을 2월과 8월에 공고하여 3월과 9월에 시작하는 것으로 변경하였다. 또한 휴직자들에게는 사내의 이러닝(e-Learing) 프로그램이 지원되지 않았으나 사원들의 건의 사항이 받아들여져 휴직자들에게도 재직자와 동등하게 이러닝 프로그램을 개방하여, 업무 향상 및 자기계발의 기회를 부여하고 있다.

(2) 창업휴직제도

이 제도는 실패에 대한 불안감 때문에 창업에 도전하지 못하는 직원들을 위해 회사에 소속되어 있는 동안 창업할 기회를 제공하는 것이다. 매년 반기별로 희망자를 대상으로 심사를 통해 대상자를 선발하며 최대 3년 반 동안 휴직이 가능하다. 2011년까지 49명이 선정되어 혜택을 받았다.

2) 맞춤복지, 라이프플랜(lifeplan)

KT 복지의 두 번째 키워드는 '맞춤'이다. KT는 복지 전용 웹사이트인 '케이티 복지관'을 만들어 직원을 대상으로 서비스를 제공함과 동시에 각 제도에 대한 의견을 수렴하여 복지 혜택을 제공하고 있다. 모든 사원에게 일률적인 제도를 적용하는 것이 아니라 자녀 교육비 지원, 주택자금 및 생활안정을 위한 대부금 지원 등 각 혜택을 각자 필요에 따라 자유롭게 선택하여 이용할 수 있다는 것이 특징이다. 이런 맞춤형 복지를 제도화한 대표적인 사례가 'KT 라이프플랜'이다.

〈그림 III-32〉 라이프플랜 프로그램

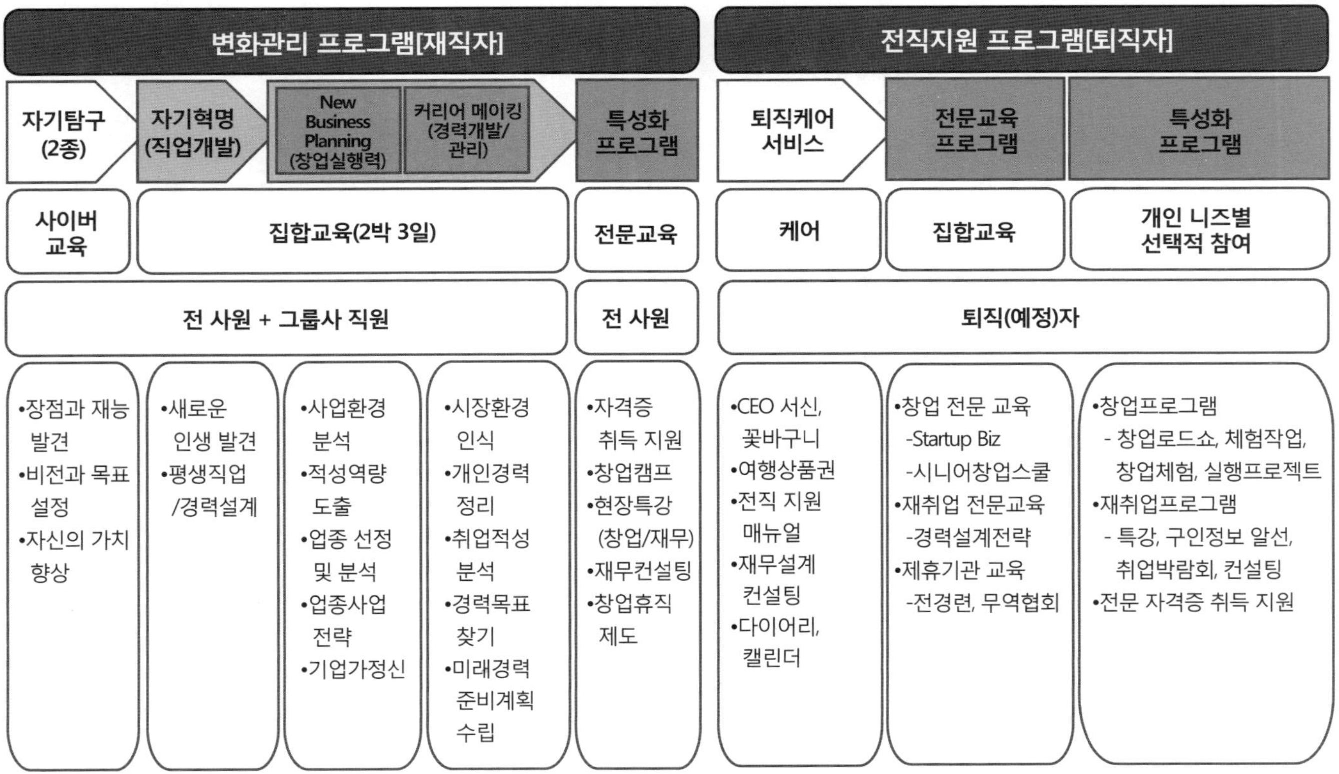

세계적으로 고령화가 빠르게 진행됨에 따라 '평생직업'의 가치가 부각되고 있다. 변화하는 환경에 대비해 자신의 미래를 준비할 필요성에 착안하여 맞춤복지의 하나로 시작된 'KT 라이프플랜'은 재직에서 퇴직 후까지 체계적인 라이프플랜 운영을 통해 향후 자율적인 진로선택의 기회를 제공하고 제2의 인생에 안정적으로 정착할 수 있도록 지원하는 프로그램이다. 평생직업에 대한 인식을 가지고 사원 스스로 경력개발과 미래를 준비할 수 있도록 지원하는 것이다. 이를 통해 종사자가 기업 내부뿐만 아니라 외부에서도 인정받을 수 있도록 '인적 시장가치'를 향상시키고, 체계적 생애설계 지원체계를 구축함으로써 새로운 삶에 성공적으로 안착하도록 지원하고 있다.

라이프플랜은 크게 재직자를 위한 '변화관리 프로그램'과 퇴직자를 위한 '전직지원 프로그램'으로 나누어 진행된다. 재직자를 위해서는 경력개발 관리나 창업준비를 위한 시장 탐색을 위한 프로그램이 주를 이루고, 전직자를 위해서는 퇴직 후를 위한 직접적인 창업전문교육이나 재취업 관련 교육이 주를 이룬다.

(1) 변화관리 프로그램

재직자를 대상으로 한 변화관리 프로그램은 크게 ① 이러닝을 통해 자신의 삶을 재조명해 보는 자기탐구, ② 집합교육을 통한 자기혁명, ③ 창업에 대한 이해와 적성을 분석하는 New Business Planning, ④ 최근 구직시장 동향과 자신의 과거 경력을 리뷰해 보는 커리어 메이킹, ⑤ 각자에게 필요한 특성화 프로그램 등 5단계로 진행된다. 특성화 프로그램은 크게 자격증 취득 지원, 창업캠프, 현장특강, 재무컨설팅, 창업휴직제도로 나눌 수 있으며, 선택적으로 참가할 수 있다(〈표 III-15〉 참조). 특히 자기혁명과 New Business Planning 과정은 만족도(5점 만점)가 각각 4.66점과 4.65점으로 매우 높다.

변화관리 프로그램 중 가장 눈길을 끄는 것은 재무컨설팅과 창업휴직제도이다. 재무컨설팅은 종사원의 자산상태를 점검해 주고 미래에 대한 안정적 재무계획을 수립하고 지원하는 데 목적을 두고, 직원들의 재무적 스트레스를 해결해 줌으로써 업무 몰입도를 높이기 위한 프로그램이다(〈그림 III-33〉

〈표 III-15〉 변화관리 프로그램: 특성화 프로그램

과정	자격증 취득 지원	창업캠프	현장특강	재무컨설팅	창업휴직제도
목적	전문가 역량 향상	창업역량 향상	미래설계 필요성 인지	개인 재무상태 점검	창업 기회 부여
시행	매월	연 6회 이상	연 10회 이상	연중	연 2회 (상/하반기)
내용	생계, 취미, 봉사 지원	프랜차이즈 체험 (본사와 공장 견학, 실습 등)	테마별 재무특강, 트렌드 창업특강	일대일 맞춤형 방문 상담	창업을 실행하기 위한 휴직 부여

〈그림 III-33〉 재무컨설팅 지원 프로세스

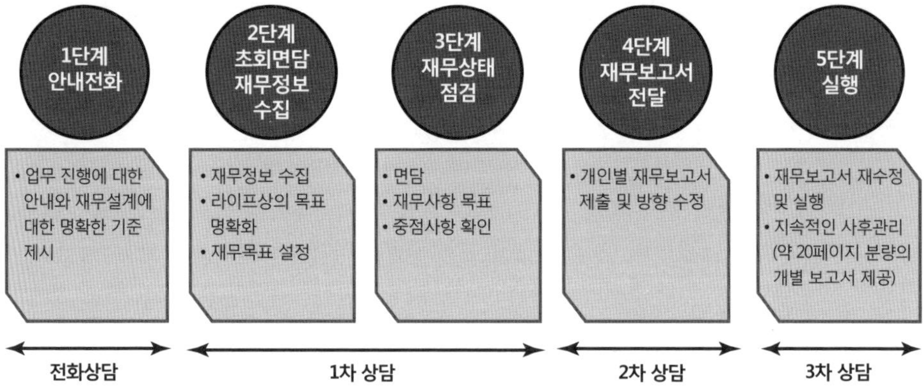

참조). 창업휴직제도는 실패가 두려워 창업하지 못하는 사원에게 재직 중 창업기회를 제공해 준다. 새로운 분야에 대한 능력개발과 경력전환 체험의 기회를 부여하는 이 제도는 2009년 노사 합의에 의해 시행되기 시작했다. 사내벤처 분야를 제외한 모든 창업 분야를 대상으로 20년 이상 근속 직원 중 희망자에 한해 참여할 수 있도록 했다. 창업심의위원회에서 심사를 거쳐 수혜자를 선정하고 최소 1년 6개월에서 최대 3년 6개월까지 휴직을 부여하는데, 의무기간인 1년 6개월 이후 6개월 단위로 연장하는 방식이다. 최초 휴직 후

1년 동안은 기본급의 100%를 지급하고, 창업컨설팅과 창업전문교육에 참여하는 기회를 제공한다. 2011년에는 49명이 서비스업, 유통판매업, 외식업, 정보통신업 등으로 창업에 성공했고 현재도 창업이 진행 중이다.

(2) 전직지원 프로그램

전직지원 프로그램은 퇴직케어 서비스, 전문교육 프로그램, 특성화 서비스의 3단계로 구성되어 있으며, 상무보를 대상으로 한 희망퇴직 프로그램도 진행하고 있다.

전직지원 프로그램은 퇴직케어 서비스로 시작된다. 퇴직이 결정되면 생애설계 지원서를 작성하게 되는데, 이때 개인 정보와 창업, 재취업, 자격증 관련 정보 제공 여부를 신청하고, 재무설계 컨설팅을 받고 싶다면 이 또한 신청할 수 있다. 그 후 1개월 안에 전직지원 매뉴얼이 제공되어 퇴직자 지원 프로그램, 퇴직자가 챙겨야 할 필수정보 등을 제공받게 된다. 또한 180만 원 상당의 여행상품권이 제공되고, 퇴직 결정 3개월 이내에 일대일 맞춤형 재무설계 컨설팅 이용권이 제공되며, 퇴직일에는 CEO의 서신을 받게 된다. 즉 퇴직케어 서비스는 KT를 위해 일하고 명예롭게 퇴직하는 사람들을 위로하고 그들에게 미래를 안내하는 역할을 하는 프로그램이라고 할 수 있다.

전문교육 프로그램은 크게 창업과 재취업으로 구분되며, 자신의 경력과 적성을 분석하여 그에 맞는 창업과 재취업 조언이 제공된다. 2009년 5월 시행 이후 2012년까지 약 3년간 창업 프로그램에 참여한 사원은 약 1,600명이며, 컨설팅까지 받은 사원은 150여 명에 이른다. 재취업 프로그램 통해 경영설계전략 등 교육을 받은 사원은 300명, 재취업 알선을 받은 사람은 2009년 이후 518명에 이른다.

KT는 전문교육 프로그램 이후 특성화 서비스를 통해 창업로드쇼, 창업실행 프로젝트, 창업캠프, 전직 성공 수기 공모전, 자격증 취득 등 다양한 프로그램을 다양한 방법으로 제공하고 있다. 또 KT 사원뿐만 아니라 희망자에 한해 퇴직자 가족들도 교육에 참여할 수 있어서 활용도가 높은 프로그램으로 평가받고 있다.

3) 가족친화복지

KT의 '가족친화복지'는 다른 기업의 모범이 되고 있으며, 가족친화 인증서도 보유하고 있을 정도로 외부에서도 인정을 받고 있다. 2010년 11월에는 여성가족부 산하 국제여성가족 교류재단에서 주최된 행사로, 엘살바도르와 요르단 등 10개국 가족친화 담당자와 NGO 리더 30명이 가족친화경영의 우수 사례를 벤치마킹하기 위해 KT를 방문하였다. 그뿐만 아니라 2011년에는 문화체육관광부(전 문화관광부)에서 '가족친화경영'을 주제로 KT를 기획취재하여 성공 사례를 홈페이지에 게재했다. 이처럼 KT는 가족친화경영 우수 사례를 세계 여러 나라와 국내 여러 기업에 전파하여 가족친화경영의 확산을 도모하는 데 앞장서고 있다는 평가를 받고 있다.

(1) 기본 프로그램

'가족친화복지'의 대표 기업인 KT는 근로자의 '가족'이 행복하기 위해서는 근로자의 건강과 행복이 우선적으로 지켜져야 한다는 생각을 바탕으로 근로자의 안위를 추구하는 다양한 기본 프로그램을 지원하고 있다. 먼저, 근로자 본인의 건강관리지원, 상담지원 및 생애주기별 프로그램(부부교육, 부모교육, 은퇴지원 등)을 들 수 있다. 특히 경력관리를 위한 커리어 코칭은 혜택자가 꾸준히 늘고 있으며, 근로자 지원 프로그램 중 특히 스트레스 진단과 심리상담 이용자는 2010년에 비해 2011년에 37%나 증가했다.

그리고 근로자 본인과 배우자의 임신 · 출산 관련 유익한 근로환경 조성 프로그램도 지원되어 출산장려 축하금과 최대 2년의 육아휴직 등을 제공하고 있다. 그뿐 아니라 자녀가 있는 사원들의 가장 큰 고민거리인 교육 문제를 좀 더 실질적으로 도울 수 있는 방안을 모색하여 전국 8개소에 직장 어린이집을 운영하여 보육시설을 지원하며, 중 · 고등학교와 대학 학자금을 지원해 줄 뿐만 아니라 유아와 초 · 중등 자녀의 경우 각 1년간 보육비를 지원해 주고 있다. 보육비 지원 프로그램의 수혜자가 2010년에 비해 2011년에는 6% 정도 증가하여, 전체 임직원 중 30% 정도가 혜택을 받고 있는 것으로 나

〈그림 III-34〉 가족친화우수기업 인증서

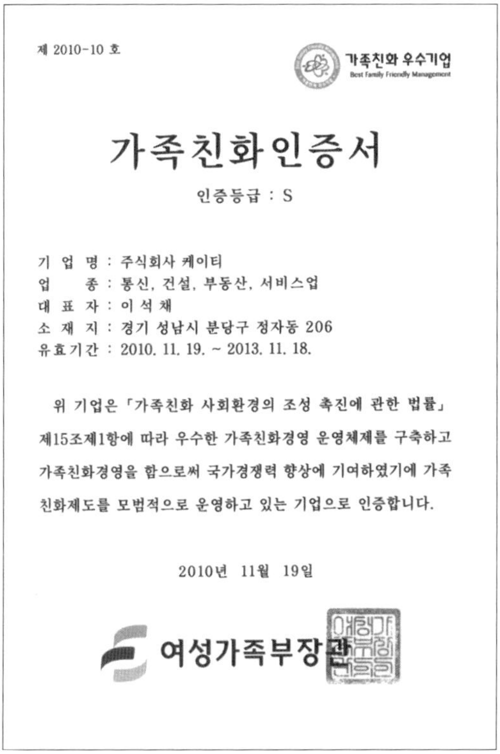

제 2010-10 호

가족친화 우수기업
Best Family Friendly Management

가족친화인증서

인증등급 : S

기 업 명 : 주식회사 케이티
업 종 : 통신, 건설, 부동산, 서비스업
대 표 자 : 이 석 채
소 재 지 : 경기 성남시 분당구 정자동 206
유효기간 : 2010. 11. 19. ~ 2013. 11. 18.

위 기업은 「가족친화 사회환경의 조성 촉진에 관한 법률」 제15조제1항에 따라 우수한 가족친화경영 운영체제를 구축하고 가족친화경영을 함으로써 국가경쟁력 향상에 기여하였기에 가족친화제도를 모범적으로 운영하고 있는 기업으로 인증합니다.

2010년 11월 19일

여성가족부장관

타났다.

(2) 특성화 프로그램

① 시간과 공간의 탄력성

먼저, 근무 시간에 탄력성을 제공하여 사원들이 가정과 일의 균형을 유지할 수 있도록 시차출퇴근제, 근무시간선택제, 집약근무제 등을 통합적으로 운영하고 있다. 근무시간선택제는 2011년 현재 전체 직원의 8%가 이용하고 있으며, 그 비율은 여성 사원을 중심으로 점차 늘어날 것으로 예상된다. 시간의 탄력성뿐만 아니라 공간의 탄력성을 제공하는 프로그램도 운영하고 있다. 스마트워킹 프로그램을 시행하여 월 1회 이상 재택근무를 가능하게 하고, 모바일 오피스 프로그램을 통해서는 영업 개통 및 A/S 현장 근무 지원을, 육아케어 프로그램으로는 10세 미만인 자녀가 있는 경우에는 월 1회 이상 재택근무가 가능하게 했다. 스마트워킹을 이용하는 사원은 증가하는 추세이며, 모바일 오피스 프로그램 사용률은 45%에 이르고 있다.

② 가족관계 증진

시간과 공간의 탄력성을 지원함과 동시에 더 실질적으로 가족관계를 증진시키는 방안으로 근로자 가족 초청 행사를 정기적으로 개최하고, 정시퇴근제를 실시하며, 배우자가 다른 지역으로 전근하는 경우 근무지 이동이 가능하도록 제도적으로 뒷받침하고 있다. 이뿐 아니라 전국 5개의 수련관과 367실의 콘도를 운영하는 등 휴양시설을 제공하고 있다. 또 근로자 가족의 건강 지원제도를 넘어서 가족간호까지 가능하도록 제도를 만들었다. 가족건강 지원 프로그램의 이용률은 40% 이상이며, 가족건강검진은 50% 정도의 사원들이 혜택을 보고 있고, 가족 의료비와 요양비의 대부도 가능하다. 근로자에 대해서 사내 예식장 지원 등과 함께 본인 및 자녀 결혼 축하금 등 결혼 관련 지원도 제공하고 있다. 또한 사내 미혼 사원들을 위하여 매년 '선남선녀 커플 이벤트'를 열어 만남을 주선하여 아름다운 가정을 꾸릴 수 있도록 돕는다. 생활안정자금도 대출하며 가족의 사망, 결혼, 회갑 등을 지원하는 가족 경조사 지원은 사원들의 이용률이 매년 12% 정도에 이른다. 일반 가정뿐만 아니라 지역사회의 다문화가정, 결손아동, 장애인 가족 지원 프로그램을 만들어 IT 서포터즈와 직원의 자발적 참여가 가능하도록 했다. 특히 다문화가정과 소외계층을 돕는 제도에 직원의 참여율은 30%를 넘어서고 있다.

4) 복지제도의 개선

현재 KT 복지제도의 가장 큰 문제는 연령대별로 복지 수혜의 편차가 크다는 것이다. 합병 이전에 KT는 고연령대 위주, KTF는 중간 연령대 위주의 복지지원 제도를 시행하고 있었는데, 합병 이후에는 이직률이 낮은 기업의 특성이 더해져 연령대가 높은 직원들에게 복지 지원이 편중되는 현상이 나타나고 있다. 이뿐 아니라 KT와 KTF의 이원화된 복지 기준과 지원 수준 차이도 문제로 제기되고 있다. 법정 외 복지 항목 15가지 중 상조비 지원을 제외한 대부분 항목에서 차이를 보이고 있으며, 이 항목들을 통합하는 데에는 어려움이 있다. 이런 문제점들 때문에 높은 복지 수준에도 불구하고 복지수혜 만족도의 편차가 큰 실정이다.

따라서 KT는 복지제도 개선을 위해 다양한 방안을 고안하고 있다. 우선 복지체계의 유연화를 통해 복지에 대한 사원들의 다양한 요구를 충족시키고자 노력하고 있다. 또 이원화된 복지제도를 통합하고 연령대별 복지수혜 불균형을 완화하기 위해 노력을 기울이고 있다. 이러한 노력의 일환으로 카페테리아(Cafeteria) 제도는 이원화된 복지 기준을 통합하고 40세 미만 신입사원의 복지 수혜를 확대하고자 시행되고 있던 '선택적 복지'를 보완하고 발전시키는 방향으로 만들어졌는데, 세부사항은 다음과 같다.

첫째로, 선택적 복지 항목을 확대했다. 이전에는 복지 포인트, 하계휴가 보조비만 선택적 복지 항목에 두었지만 건강검진, 의료비, 단체보험, 연금저축, 상조회비, 유 · 초 · 중등 교육비, 중 · 고등 · 대학 학자금, 본인 학자금 등 12가지 항목을 추가하여 운영하고 있다.

둘째로, 선택적 복지 포인트를 부여했다. 이 포인트는 공통, 필수, 추가의 3요소로 구성되어 있다. '공통'은 사원 전체에게 일률적으로 균등 배분되는 포인트이고, '필수'는 사업주 법정 의무 항목 및 회사 차원에서 보호가 필요한 항목(예: 건강검진)의 포인트이며, 마지막으로 '추가'는 자녀 교육비 등 일

〈그림 III-35〉 선택적 복지 포인트 부여 기준

공통		만 p	전 사원 균등
필수	I	만 p	건강검진비(의무적 시행, 포인트 일괄 차감)
	II	만 p(평균)	(의료비, 단체보험, 연금저축, 상조회비) ÷ 가입 사원 수
추가	I	만 p(평균)	지급기준에 해당되는 자녀(유아~대학)를 가진 사원
	II	만 p	입사 10년 차 이내, 만 40세 미만인 사원

〈그림 III-36〉 선택적 복지 포인트의 사용 및 정산 방법

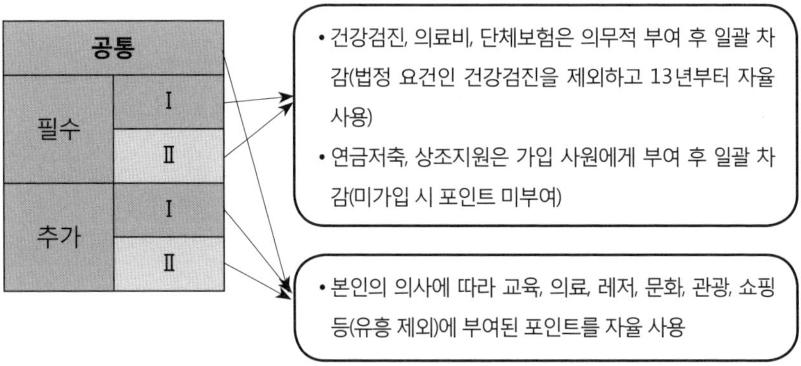

〈그림 III-37〉 카페테리아 제도의 이용 사례

구분	항목	부여 포인트	Cafeteria Plan	차감 포인트	잔여 포인트
공통	기본		☑ 사용(default)		
필수(I)	건강검진		☑ 본인선택 A형 ☐ 본인선택 B형 ☐ 배우자		
필수(II)	실손의료보험		☐ A형(본인) ☑ B형(본인+배우자) ☐ C형(미가입)		
	단체보험		☐ A형(본인) ☑ B형(본인+배우자) ☐ C형(미가입)		
	연금저축		☑ 가입 ☐ 미가입		
	상조회비		☐ 가입 ☑ 미가입		
추가(I)	유아/초등/중등교육		☑ 당해년도 부여		
추가(II)	신입사원		☐ 사용(default)		
합계					

• 포인트 사용 예시: 만 42세, 초등 6학년, 중등 2학년 자녀 기준

정 자격에 해당하면 부여하는 포인트를 말한다. 선택적 복지 포인트 부여 기준은 〈그림 III-35〉와 같다.

셋째로, 복지 포인트를 사용하고 정산하는 방법에도 변화를 가져왔다. 건강검진, 의료비, 단체보험은 의무적으로 부여한 후 일괄 차감하고, 본인의 의사에 따라 다양한 방면으로 부여된 교육 · 의료 · 문화 관련 포인트는 활용하여 자율적으로 사용하게 하였다(〈그림 III-36〉과 〈그림 III-37〉 참조).

제 IV 장
KT의 기업문화

1 GWP(Great Work Place) 운동

KT는 '함께 걷고 함께 꿈꾸는 따뜻한 일터'라는 슬로건 아래 마음을 열고 서로 소통하고 즐겁게 일하면서 성장할 수 있는 일터를 만들기 위해 노력하고 있다. 과거에 KT가 기업문화 개선을 위해 기울여 온 노력이 업무과정 개선을 위한 것이었다면, 현재는 직원이 행복해야 고객도 행복하다는 마인드로 일하기 좋고 일하고 싶은 일터를 만들기 위해 전사적으로 움직이고 있는 것이다.

KT는 'GWP'의 실천뿐만 아니라 현 수준 파악도 게을리하지 않고 있다. 외부 업체를 통해 직원들의 의견을 조사하고 그에 기반을 두어 부족한 부분을 보강하고 성공적인 부분은 그 효과가 증폭될 수 있도록 제도를 만들어 운영하고 있다. 예를 들어, 2011년 하반기 기준 직원몰입 수준은 69%로, 글로벌 통신업계 평균인 55%에 비하면 매우 높은 수준이었으며 2011년 상반기와

〈그림 IV-1〉 주요 GWP 활동

'최고가 뛴다!' 캠페인	• KT인으로서 자긍심과 주인의식 함양 • 당신이 최고: 전 부서에 칭찬박스와 카드를 배포하여 칭찬문화 조성 • 내가 최고: 역량개발, 스포츠, 예술 등 16개 분야의 Olleh 달인 공모 • 우리가 최고: 협업과 문제점 개선, 발굴 사례 전파
Creative Time	• 회사 경영과 사업 현황 공유, 토론, 문제점 발굴 및 창의활동을 위한 시간 • 전 직원이 매주 1시간 참여: 요일과 시간대는 자율 지정
GWP Leaderway	• 리더의 역할 강화 • GWP Leaderway 제정: GWP 리더의 20대 행동기준 • 가이드북 배포
GWP Best Practice 수집 및 확산	• 2011년 사례 2천여 건, 제안 3천여 건 접수 • 우수 사례 최종 48건 전파, 제안 사례 중 '임산부 직원 건강검진 강화' 등 정책에 반영 중

비교했을 때 1% 증가한 수치였다. 물론 1%의 상승이지만 짧은 기간에 거둔 성과라는 점을 고려하면 적지 않은 성과라고 할 수 있다. 이는 반년 전에 실시한 의견 조사를 기반으로 다양한 방면으로 변화를 주었기에 가능한 발전이었다.

KT는 회사가 크고 여러 부서에 다양한 사원들이 있다는 특징에 걸맞게 모든 사람과 모든 부서에 같은 GWP를 실시하는 것이 아니라 각각 특성에 맞는 GWP를 실시하였다. 또한 모든 사원이 '자발적인 주인의식'을 품어야 한다는 회사의 핵심가치에 적합하도록 위로부터 아래로 지시하는 형태의 활동이 아니라 사원이 활동의 중심이 되는 GWP를 개발하고 실행하였다. 실행과제별 챔피온 부서 선정, GWP 추진체 구성, CIC(Company in Company)별 워크숍 등은 모두 이를 위한 방법이라고 할 수 있다.

2 일하는 방식의 변화

이석채 회장은 제도의 변화와 함께 일하는 방식의 변화를 강조하고 작은 부분부터 바꾸어 나가기 시작했다. 먼저 사내 메일과 메신저 대신에 글로벌 기준에 맞고 사용도 편리한 MS 기반으로 바꾸었다. 또한 기록을 통해 모든 지시를 명확히 하고, 지시를 받은 사람은 정해진 날짜에 보고하고 피드백을 받아서 축적하도록 했다. 이런 과정을 통해 축적된 기록은 과학적인 평가를 위한 자료로 활용된다. 무엇보다 가장 큰 변화는 '시간과 장소에 얽매이지 않고 일할 수 없을까?'라는 생각에서 시작한 스마트워킹 제도의 도입이었다.

1) 스마트워킹의 취지와 진행

스마트워킹의 취지는 개인과 기업 그리고 사회가 동시에 지속해서 성장할 수 있도록 효율적이고 유연하게 일할 수 있는 환경을 구축하는 것이다. 기업 입장에서는 만족도 향상으로 직원들의 충성도를 높일 수 있고, 유연하고 창의적인 근무환경을 지원하여 기업의 생산성을 향상할 수 있다는 장점이 있다. 직원들은 출퇴근 시간 절약 등으로 생긴 여유시간을 활용할 기회를 갖게 되고 업무 스트레스가 감소하는 이점이 있다. 또 탄소 저감과 함께 사회적 간접비용도 줄여 사회와 국가의 발전에도 이바지하고 있다. 스마트워킹의 역사는 10년 전으로 거슬러 올라갈 수 있다. 이미 개통 및 A/S 업무는 PDA로 구현한 모바일 오피스로 시행하고 있었지만 본격적으로 시작하게 된 것은 2009년 '일하는 방식의 혁신'이 전사의 핵심과제로 지정되면서부터였다. 특히 일과 가정이 조화를 이루는 행복한 회사를 만들겠다는 노사의 비전이 기폭제가 되어 2010년 시험운영을 거쳐 2011년부터 본격적으로 스마트워킹이 진행되고 있다(〈그림 IV-2〉 참조).

〈그림 IV-2〉 스마트워킹의 진행 현황

일하는 방법의 혁신	일하는 방법 TFT 구성(2009~2010) Working Innovation TFT 구성(2012~)
일하는 시간의 혁신	근무시간선택제 시행(2011.7~)
일하는 장소의 혁신	Olleh 캠퍼스 오픈 스마트워킹센터 개소(2010~)

2) 스마트워킹의 추진 성과

KT는 스마트워킹을 활성화하기 위해 제도와 프로세스의 혁신, 기업문화 개선, ICT 인프라 최적화, 공간의 다양화라는 4대 핵심과제를 설정하고 이에 전력을 기울이고 있다. 이를 통해 형식적 혹은 전시적으로 추진되어 정착에 어려움이 있었던 스마트워킹의 성공적 도입과 실질적인 변화를 지원하고 있다. 특히 스마트워킹에 적합한 솔루션과 ICT 인프라 제공에 심혈을 기울여 사무실 이외의 장소에서도 근무할 수 있도록 VPN(Virtual Private Network)을 구축하고 스마트 디바이스를 위한 프레젠테이션 가상화(Presentation Virtualization, PV)[1]와 어플리케이션을 제공하고 있다. 특히 어플리케이션은 별도의 프로그램을 사용자 단말기에 설치하여 사용하고 PC 화면과는 다른 구성이 되도록 했다. 전화나 화상회의 시스템 등 협업 솔루션을 제공하고 활성화시켰으며, 스마트워킹센터를 설립하여 공간에 대한 솔루션도 제공하고 있다(〈그림 IV-3〉 참조). 그리고 원격근무 시 발생할 수 있는 보안 리스크를 최소화하기 위해 OTP와 같은 보안 솔루션을 적용하였다. 스마트워킹센터는 서초, 광화문, 고양, 평촌, 목동 등 수도권을 중심으로 16개 센터에 284석 규모(2012년 기준)로 운영되고 있으며, 직원의 약 75% 이상이 30분 이내에 접근할 수 있도록 구축하여 굉장한 편리성을 제공하고 있다. 2012년 3월 현재 자

1) 프로그램을 설치할 필요 없이 서버에서 앱 혹은 시스템을 제공, PC 사용 시와 동일한 화면을 제공한다.

〈그림 IV-3〉 KT 본사의 스마트워킹센터

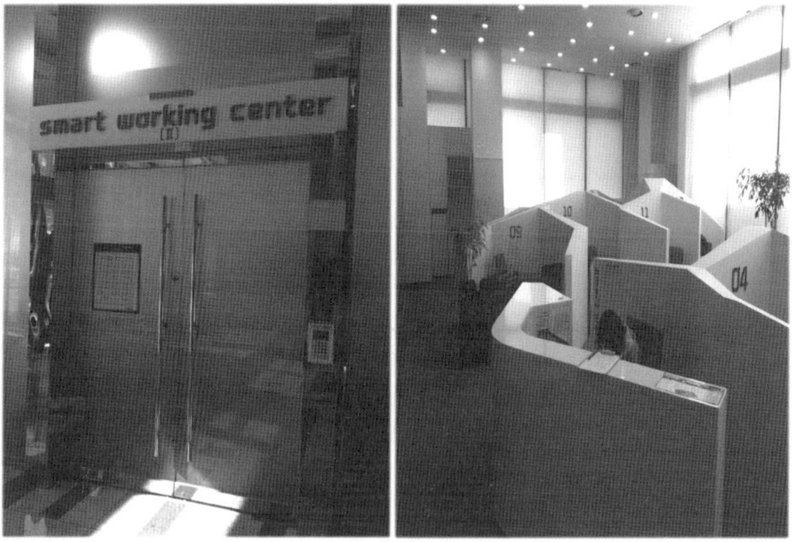

택 혹은 스마트워킹센터의 원격근무 참여 일수는 1년 전에 비해 4.3배 정도 증가했으며, 근무시간선택제 참여자 수는 2012년 3월 기준 2011년 9월 대비 1.9배나 증가했다.

스마트워킹 시스템의 끊임없는 개선이 이루어진 결과 만족도는 2011년 3월의 70.4%에서 1년 사이에 81.5%로 증가했다(〈그림 IV-4〉 참조). 출퇴근 피로도 감소, 여유시간의 확보, 업무 집중력 향상 등이 만족도 향상의 주요 요인으로 꼽힌다(〈그림 IV-5〉 참조).

화상회의는 참여자 수가 월 2만 명 이상으로 연간 20억 원의 출장비를 절감하는 등 다양한 비용 절감 효과가 나타나고 있다. 지속적인 스마트워킹의 활성화를 통해 탄소 저감 및 도시 집중화 현상을 완화하는 등 사회적 간접비용 절감에도 기여할 것으로 보인다.

KT는 스마트워킹의 성과를 바탕으로 양과 질이 균형적으로 성장할 수 있도록 지속적인 혁신활동을 병행해 나가고 GWP 추진과 연계하여 다양한 커뮤니케이션 활동에 주력할 예정이다. 좀 더 많은 직원이 스마트워킹에 참여

〈그림 IV-4〉 스마트워킹에 대한 만족도

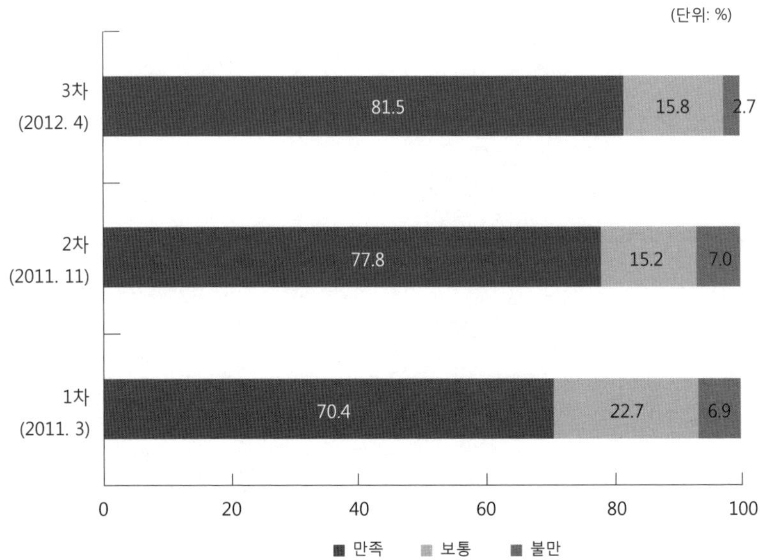

〈그림 IV-5〉 스마트워킹에 만족하는 이유

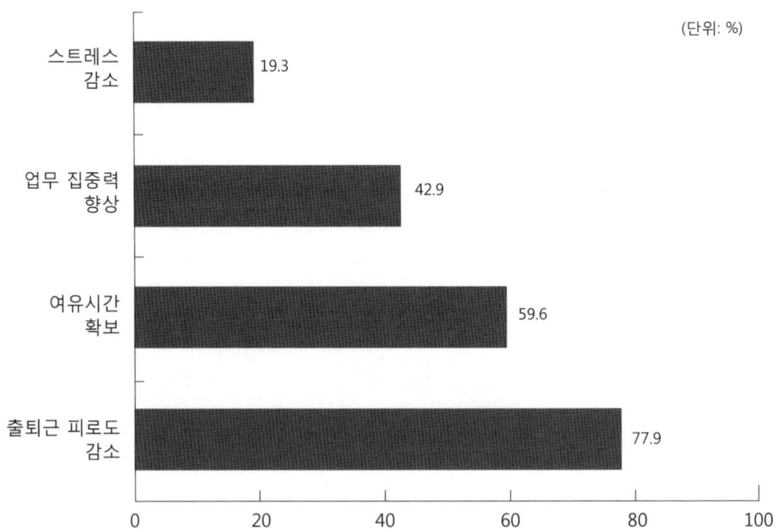

할 수 있도록 근무 스타일에 맞는 제도를 도입하고, 업무 프로세스상의 불편 사항을 개선할 계획이다. 아직 도입 초기인 만큼 모바일 오피스를 구현하기 위한 다양한 어플리케이션 개발, VDI(Virtual Device Interface) 확대 적용, 보안이 강화된 시스템 도입 등 기술적 발전을 위해 지속적으로 투자할 계획이다. 특히 스마트워킹으로 생기는 여유시간을 자기계발의 기회로 활용하려는 직원들을 위해 이러닝과 독서교육 등을 강화할 계획이다.

또한 KT는 글로벌 스탠더드 수준의 일하는 방식 혁신을 위해 BIT(Business & Information system Transformation)를 추진하여 탄력성 있게 일할 수 있는 체계를 구축할 계획이다. 특히 BIT-ERP 모델은 임직원들이 단순하고 빠르게 업무를 처리할 수 있도록 각종 정보를 적시에 제공하는 등 근본적 변화를 도모하고 있다.

이와 같은 노력에도 국내에 스마트워킹이 정착되기 위해서는 아직 많은 시간이 필요해 보인다. 스마트워킹이 이미 일상화된 유럽, 미국 등 선진기업의 우수 사례와 한국 문화를 접목한 '한국형 스마트워킹'을 추진할 필요가 있다. 한국은 북미나 유럽의 원칙주의 중심의 업무문화와는 달리 유교적 행동양식, 즉 인간관계를 중시하는 대면문화와 같은 특수성을 고려하여 시스템을 구축해야 한다. 또한 도시 기반의 중소형 아파트 거주 형태, 대중교통 중심의 출퇴근 환경 등 다양한 환경도 고려되어야 한다. KT는 이러한 한국적 정서를 참작하여, 대면의 강점을 살릴 수 있는 화상회의와 전화회의를 활성화하고 있으며, 시행 초기임을 감안하여 근무 일수의 20%를 원격근무로 권장하고 있다.

3 핵심가치의 확산

핵심가치는 기업에 있어서 등대와 같은 존재다. 바다의 모든 어선이 등대의 불빛을 보고 방향을 찾아가듯, 핵심가치는 모든 사원이 어느 상황에서나 가장 먼저 생각해야 하는 지침이다. 따라서 회사의 발전에 필요하고 직원들이 공감할 수 있는 핵심가치를 설정하는 것은 중요한 일이다. 하지만 더 중요한 일은 조직의 모든 구성원이 공감하고 따르게 하는 것이다. 특히 조직이 크고 다각화될수록 어떤 하나의 가치를 모든 사람에게 심어 주는 것은 어려운 작업이다. 그래서 KT는 직원들에게 'ACTION'이라는 핵심가치를 심어 주고자 노력과 지원을 아끼지 않고 있다.

1) ACTION 교육

(1) ACTION 연수원 집합교육

KT도 직원들에게 직무역량과 리더십 외에 핵심가치에 대해 교육하고 있으며, 이를 위해 'ACTION 강사'라는 사내 강사를 활용하고 있다. KT에서 핵심가치 교육을 담당하는 ACTION 강사는 강사로 따로 뽑히거나 외부에서 영입된 사람들이 아니라 각 지사와 부서에서 자기의 업무도 하면서 자원하여 핵심가치에 대해 강의하는 사원들이다.

2009년 합병 후 핵심가치 관련 부서에는 직원 6명만이 있었다. 이들은 기업의 발전과 화합을 위해서는 사원들이 핵심가치를 단순히 머리로 아는 것을 넘어서 근무 환경 속으로 확산하는 것이 필요하다고 판단하고 핵심가치 확산운동에 발 벗고 나섰다. 그러나 3만 명에 달하는 KT 사원을 6명의 직원이 책임지는 것은 무리가 있었고, ACTION 내재화에 동참할 사원들의 자원을 받기로 했다. 예상과 달리 180명에 이르는 적지 않은 수의 사원이 지원했고, 교육 능력과 태도를 기준으로 엄격하게 심사한 결과 30명을 ACTION 강사로 임명해 활동하도록 했다. 이어서 2011년과 2012년에 각각 30명씩 선발

◎ 핵심가치의 중요성: Zappos의 사례

온라인을 통해 신발과 의류 등 잡화를 판매하는 미국의 Zappos는 단기간에 엄청난 발전을 이룬 회사로 유명하다. '직원의 행복이 고객의 행복을 가져온다'라는 철학을 가진 Zappos는 출범한 지 10년 만에 연 매출 10억 달러를 달성하고, 2010년 『포춘』지가 선정한 '일하기 좋은 기업' 15위에 이름을 올렸다. 처음 5년 동안 1,300%의 성장을 이루고 고객들의 재구매율도 75%에 이 달했다. 많은 사람이 Zappos의 365일 환불정책, 콜센터의 혁신 등을 성공요인으로 꼽지만 그보다 더 주목받는 것은 Zappos의 기업문화다. 직원들의 의견을 1년 동안 모아서 회사의 핵심가치를 선정하고 이에 기반을 둔 Zappos만의 독특한 기업문화를 만들어 나갔다. 회사가 성장할수록 자신들의 기업문화를 결정짓고 사업전략의 기초가 되는 핵심가치를 중요시 여겼다. 그리고 조직원들에게 핵심가치의 중요성을 알리고 핵심가치가 모든 업무의 기준이 되도록 했다.

[Zappos의 핵심가치]

1. Deliver WOW Through Service
2. Embrace and Drive Change
3. Create Fun and A Little Weirdness
4. Be Adventurous, Creative, and Open-Minded
5. Pursue Growth and Learning
6. Build Open and Honest Relationships With Communication
7. Build a Positive Team and Family Spirit
8. Do More With Less
9. Be Passionate and Determined
10. Be Humble

기업의 핵심가치가 드러나 있는 Zappos 홈페이지

결국 Zappos는 최고의 전자상거래 회사인 아마존에 12억 달러의 가격으로 인수되었다. 세계적인 경영학자인 세스 고딘(Seth Godin)은 "아마존이 12억 달러라는 거금을 주고 Zappos를 인수한 것은 '세계 유일의 기업문화', 고객과의 강한 유대관계, 전설적인 서비스, 리더십 등 Zappos만이 보유하고 있는 무형의 자산을 취득하기 위해 비용을 지급한 것이다."라고 말했다. 크게 특별할 것 없는 온라인 쇼핑몰이 평범한 비즈니스 모델로 이렇게 큰 성공을 거둔 비결은 Zappos만의 '기업문화'였다.

〈그림 Ⅳ-6〉 사원들의 사례를 이용한 ACTION 교안 제작

해 2012년 현재 60여 명의 ACTION 강사가 활발한 활동을 벌이고 있다.

ACTION 강사를 활용한 효과는 생각보다 뛰어났다. 외부에서 초빙한 강사나 임원이 강의할 때보다 동료가 강의할 때 좀 더 마음을 열고 받아들임에 따라 핵심가치가 사원들에게 깊숙이 침투되어 업무현장에서 결과로 이어질 수 있었다. 또 ACTION 강사가 지원자들 가운데 기준에 따라 선발되다 보니 정말 하고 싶은 사람, 열정이 강한 사람이 뽑혔다. 그리고 ACTION 강사들은 자신이 속한 부서나 직무의 특성을 잘 알기 때문에 사원들에게 맞는 교육 방법을 빨리 찾아냄으로써 사원들에게 한층 더 와 닿는 교육이 가능하게 했다. 보통 교안은 유명한 저자의 책을 이용하거나 전문가들의 이야기로 채워지기 마련인데, 이들은 KT 사원들의 사례를 활용함으로써 회사의 변화에 적합한 교안으로 발전시켰다(〈그림 Ⅳ-6〉 참조). Egg drop을 통해 의사소통과 혁신에 대해 몸으로 느껴 보고, 핵심가치인 ACTION이 우리 주위에 있는지 찾아보고 함께 나누는 등 KT의 ACTION 교육은 이론에 머물지 않는, 현장에서 활용 가능한 교육이라는 평가를 받고 있다(〈그림 Ⅳ-7〉 참조).

〈그림 IV-7〉 ACTION 교육 모습

ACTION 강사의 주목할 만한 점은, 다른 기업과는 달리 Top-down 방식이 아니라 Bottom-up 방식의 변화와 혁신을 논한다는 것이다. Bottom-up이 동시에 이루어지지 않으면 조직의 진정한 변화나 혁신을 기대하기가 어렵다. KT의 ACTION 강사를 통한 핵심가치 내재화는 Top-down을 보조하는 Bottom-up 방식을 넘어서, 아래로부터 변화하는 기업을 만드는 저력을 보여주고 있다. 처음에 6명의 직원이 ACTION DNA를 60명(2011년과 2012년 각각 30명씩 선발된 ACTION 강사)에게 복제시키고, 그 60명이 핵심가치 DNA를 또다시 기업의 곳곳에 전파하고 있는 것이다.

(2) 찾아가는 ACTION 교육: 지역 강사 협의체

통신사업의 특성상 전국 방방곡곡에 흩어져 있는 직원들을 효율적으로 교육하기에 연수원 교육은 한계가 있다. 연수원까지 오고 가는 시간 때문에 간

◎ ACTION 강사 인터뷰 1 - 김진영 강사

Q. 소개 부탁 드립니다.

저는 KT G&E 기업고객에서 일하고 있는 김진영이라고 합니다. 제가 하고 있는 일은 우리나라 대형 기업을 관리하는 일이고, 마케팅 부서에 있습니다. 쉽게 말하면 KT의 매출을 올리는 일을 하고 있습니다. 교육활동은 부수적으로 하는 건데, 작년에 1기로 지원해서 지금 2년 차입니다.

Q. 인센티브가 제공되지 않는데도 사내강사로 지원한 계기가 무엇인가요?

오랜 시간 직장 생활을 해오면서 뭔가 새로운 것을 하고 싶고 생활에 활력을 주고 싶다는 생각을 하던 차에 ACTION 강사 모집 소식을 듣고 일과 병행할 수 있을지 많이 생각하다가 마감 한 시간 전에 지원서를 냈어요. 지금 생각해 보니 뭔가 하고 싶다는 열망이 컸던 것 같아요.

Q. 두 가지를 병행하는 것이 힘들지 않은가요?

힘든 것보다는 본연의 업무가 있다 보니까 함께 일하는 분들에게 죄송한 마음이 들기도 해요. 그래도 스마트워킹 덕분에 수시로 고객사와 소통이 가능해지고, 강의시간 외에는 항상 고객과 소통하니까 이제는 많이 이해해 주십니다. 저는 강의를 준비하는 시간이 정말 좋아요. 어떻게 생각하느냐에 따라서 스트레스(stress)가 될 수도 있고 스트렝스(strength)가 될 수도 있는 것 같아요. 제 경우에는 업무 때문에 생기는 스트레스가 강의를 준비하면서 스트렝스가 됩니다. 내가 왜 일을 해야 하고 고객들과 어떻게 소통을 해야 하는지 피드백이 되어서 돌아와요. 예를 들어서 제가 핵심가치를 설명하는 강사가 아니면 고객의 한 마디에 상처받고 그게 스트레스가 될 거에요. 그런데 ACTION의 첫 번째 알파벳인 A가 'All for customer', 즉 고객이거든요. "그래, ACTION에서 A가 가장 중요하지. 고객이 그렇게 이야기를 하더라도 고객이 있으니까 일을 하는 거야."라고 긍정적으로 바뀌게 돼요. 저는 준비하는 과정에서 스트레스를 받기보다 업무에 플러스 알파가 되는 점이 매우 크다고 생각합니다. ACTION 강의를 하면서 내가 무언가를 전하기도 하지만 그들의 이야기를 들으면서 제가 다시 무장되기 때문에 주변 분들에게 강사를 해보시라고 권유하기도 해요. 내가 발전하는 계기가 되고 회사에 고마운 마음도 생기거든요.

Q. 강의할 때 가장 초점을 두는 것은 어떤 것인가요?

가장 중점을 두는 것은 '강의를 들은 직원들이 ACTION이 무엇인지를 느끼고 가는 것'이에요. 교육을 하다 보면 슬라이드 내용을 받아 적는 경우가 많은데, 그보다 사원들 각자가 '내가 이 과정에 왜 들어왔는지', 'ACTION이라는 것이 과연 무엇인지'를 생각하게 하고 각자의 자리로 돌아갔을 때 그 내용이 생각나게 하는 것이 가장 중요한 것 같아요.

Q. 다른 회사들과 달리 핵심가치를 전파하는 사내강사가 KT의 특징인데, 사내강사의 장점으로 어떤 것을 들 수 있을까요?

강사가 직원들과 회사를 제대로 이해하지 못하고 주제만 가지고 강의를 하면 결과로 이어지지 않아요. 가장 중요한 것은 교육생들과 공감하는 것이고, 공감을 가장 잘할 수 있는 건 사내강사라고 할 수 있습니다. 특히 핵심가치는 우리 회사가 앞으로 나아가는 지향점이자 전 직원이 공유해야 하는 사항이거든요. 제가 겪은 사례를 통해서 핵심가치를 전달하면 이야기가 겉돌지 않고 사원들이 바로 알아들어요. 그럼 한 번 강의해도 열 번 강의하는 것보다 그 내용이 사원들에게 잘 스며들죠. 또 ACTION 강사들은 역량이 뛰어나고 노력도 많이 합니다. 저도 강의를 하다 보니까 짧은 시간에 효율적으로 전달하기 위해서 다른 것들을 계속 배우게 되더라구요. 사외강사 교육까지 받으면 회사 업무에 마이너스가 된다고 생각하는 경우도 있는데, 오히려 배운 것들을 회사에서 리더십 발휘가 필요할 때나 고객을 만날 때, 그리고 ACTION 강의 때 다시 활용하게 됩니다. 계속 선순환이 되는 거죠.

◎ 강사 인터뷰 2 - 박재범 강사

Q. 소개 부탁 드립니다.

안녕하세요. GMC 핵심가치 확산팀의 박재범입니다. 작년까지는 영업지원팀에서 일하면서 ACTION 강사 활동을 하다가 지금은 아예 핵심가치 부서로 옮긴 거죠.

Q. ACTION 강사에 왜 지원했고, 어떤 매력 때문에 핵심가치 부서로 옮기셨나요?

처음에 지원할 때는 강의의 스펙트럼을 넓혀 보자는 생각이었어요. 직무교육 말고 다른 강의를 해보고 싶었고, 실제로 해보니까 너무 재미있더라고요. 핵심가치를 처음 만들 때도 KTF에 있던 것을 살려내어 내부 직원의 힘으로 만들었고, 전달도 사내 강사들이 하거든요. 그런 부분들이 좀 다르고 재미있었어요. 좀 더 주도적이잖아요.

Q. 핵심가치 강의하면서 기억에 남는 일이 있나요?

ACTION 교육에는 ACTION Star들의 사례를 전달하는 'ACTION & TALK' 시간이 있어요. 현장에서 실제로 핵심가치를 실천하는 직원들에 관한 이야기를 나누는 시간인데요. 그 시간이 가장 뿌듯하고 저 자신에 대해서 점검할 수 있고 반성도 할 수 있는 계기가 됩니다.

Q. 강의할 때 앞으로 더 보완하고 싶은 것이 있나요?

다른 곳에 있는 사내강사나 직원들의 경험과 아이디어를 많이 듣고 싶어요. 그런 의견들을 들어서 올해는 작년보다 교육시간에 강의보다는 활동을 많이 넣었는데, 지식적인 것을 더 배워 가고 싶은데 활동이 많지 않느냐고 하는 분도 있지만 교육 만족도도 작년보다 높아졌고, 전반적인 의견은 긍정적이에요. 그런 의견을 통해 계속 발전하고 싶습니다.

혹 참석하지 못하는 사원들도 생기고 교육을 자주 실시하기도 어렵기 때문이다. 따라서 KT는 수도권 이남, 수도권 이북, 충청, 전라, 경상의 5개 권역으로 나누어 권역마다 ACTION 강사 협의체를 만들고 수도권 12개, 충청도 6개, 전라도 8개, 경상도에 9개의 팀을 만들어 각 지역에서도 교육이 가능하게 했다. 각 협의체에서 주관하여 강의안을 만들고 강의장소를 물색하여 자체적인 활동에 나서는 등 각 지역 협의체 내부 강사들은 아래로부터의 진정한 변화와 혁신을 일으키고 있다.

2) ACTION Star

KT는 ACTION을 교육할 뿐 아니라 한 달에 한 번씩 ACTION Star를 선발하여 핵심가치를 알고 시행하고자 노력하는 사원들을 격려함으로써 실행을 독려하고 있다. 이는 미국 Zappos사의 'Zappos Hero'라는 제도와 유사하다.

기업에서 우수 사원을 선발할 때는 대개 부서별로 한두 명씩 뽑고 그 안에서 다시 평가를 시행하는 것이 일반적이다. 하지만 ACTION Star는 다른 사원들의 추천으로 후보에 오르게 된다. 추천 과정도 특별한 절차 없이 부서와 이름 그리고 추천사유만 제출하면 된다. 심사형식도 다르다. 임원들이나 특정 부서의 사람들이 고정적으로 심사하는 것이 아니라 팀장이 아닌 사원들이 모여 사람들의 스토리와 성과를 보고 의견을 나누고 충분한 토의 끝에 결정한다. 그 기준은 실적이 아니라 '얼마나 ACTION에 맞게 일하는가?'이다. 실제로 2011년 ACTION Star를 선발할 때 어마어마한 영업 이익을 낸 사람을 제치고 ACTION 가치를 지키며 일한 사원이 뽑힌 예가 있다.

다른 기업에도 CEO 포상이 있지만 보통 누가 왜 받았는지 다른 사원들은 알지 못한 채 그들만의 잔치가 되어 버리는 경우가 비일비재하다. 하지만 KT에서는 Action Star들의 이야기를 글이나 포스터로 만들어 붙였다. 일단 화장실부터 시작해서 화장실 각 칸이나 벽에 ACTION에 대해 생각해 볼 수 있는 글귀와 함께 ACTION Star들의 사례를 배치했다(〈그림 IV-8〉 참조). 더

〈그림 IV-8〉 화장실 내부에 게시된 핵심가치

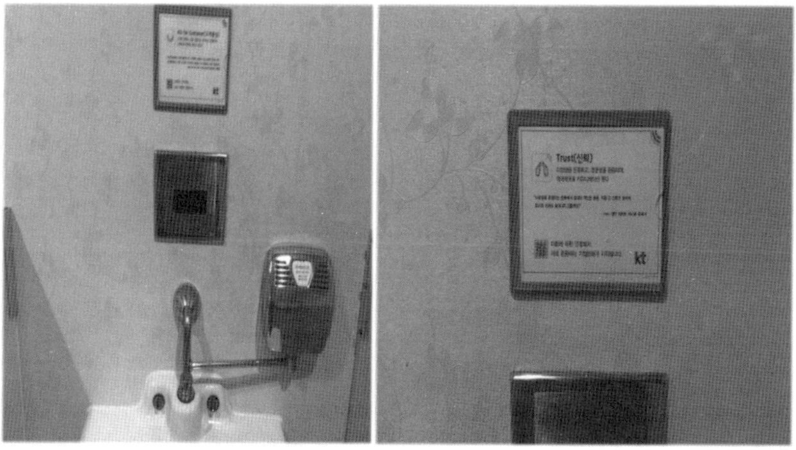

나아가 동영상으로 만들어 사내에 계속하여 노출시킴으로써 자연스럽게 그들의 이야기가 사원들 곁에 숨 쉬게 만들었다. 또한 매월 열리는 Olleh 미팅의 회의 내용이 전 부서에 배포될 때 항상 ACTION Star의 이야기를 같이 게재하고, 그 이야기를 『Ready Action』이라는 책으로 펴내기까지 했다.

3) ACTION의 확산: 회사의 가치를 전 국민의 가치로!

ACTION은 KT의 핵심가치인 동시에 일반인과 자라나는 청소년에게도 긍정적인 영향을 줄 수 있는 중요한 가치다. KT는 핵심가치를 통해 한 회사의 직원들에게 공통된 방향을 제시하고 직원들의 태도를 개선하는 것을 넘어서 점점 이기적으로 변해 가는 사회에 새로운 변화의 움직임을 시작하고 있다.

(1) 드림 투게더(Dream Together)

KT의 핵심가치인 ACTION은 꼭 KT라는 기업에만 국한되어 설계된 것이 아니다. KT라는 기업의 기준이 되는 가치이긴 하지만 일반 사람들이나 청소년들에게도 유익한 가치관이다. 그래서 KT는 ACTION의 가치를 회사뿐만

KT의 아이폰, 세계의 감성을 깨우다

아이폰 영화 〈파란만장〉의 베를린 영화제 수상을 이끈 광고팀 정혜윤 사우

KT의 아이폰 독점 체제 이후 SK 텔레콤과의 치열한 경쟁은 아이폰에서도 시작되었다. 그 경쟁에서 우위를 점할 방법을 찾기 위해 광고팀 역시 바빠졌다. '아이폰으로 대한민국에 스마트폰 혁명을 일으킨 KT'의 경쟁력은 이제 한층 업그레이드된 이미지로 고객에게 다가가야 했다. 스마트폰 하면 아이폰을 떠올리고 그중에서도 흔쾌히 KT의 아이폰을 선택할 수 있도록 아이폰에 KT 브랜드를 입히는 작업이 필요했던 것이다.

KT의 실험적 접근, 이제는 아이폰까지

과거에는 아이폰 하면 KT였지만 한국의 통신시장은 아이폰, 갤럭시S 등 세계 최고 스마트폰들이 각축을 벌이고 있고, 브랜드를 입히는 것은 고객들이 KT의 아이폰을 선택해야 하는 이유를 만드는 것이다. 고객의 성향에 맞춰 아이폰의 장점을 이슈화한다는 세부계획을 수립하고, 그 이슈 역시 누가 보더라도 혁신적이어야 한다는 데 합의했다.

당시 전 세계 아이폰 광고는 화상통화를 소재로 하고 있었지만, 한국 시장에서 화상통화는 이미 KT가 SHOW를 론칭하던 시절부터 보편화된 기능이었기 때문에 한국 고객에 맞는 새로운 장점을 찾으려고 아이폰의 다양한 기능을 일일이 검토한 결과 아이폰3에 비해 월등히 개선된 HD급 동영상에 주목하였다. 그리고 아이폰의 혁신성을 전달하려면 마케팅 툴 역시 혁신적이어야 한다는 데 의견이 모아졌다. '아이폰은 이런 게 좋아요'라는 단선적인 메시지가 아니라 '아이폰으로 찍은 영화를 대형 스크린에서도 볼 수 있어요'라는 이야기를 만든 것도 그 때문이다. 이는 새롭고 혁신적인 일에 도전하는 KT의 'Do Do Do Olleh 캠페인'과도 통하는 것이다.

〈파란만장〉 시사회 현장의 박찬욱 감독

'구색 맞추기' 식의 단순한 홍보성 영화는 만들지 않기로 했다. 아이폰이 이 시대 도전정신의 새로운 아이콘이고 KT가 최고의 파트너임을 인정받기 위해 정혜윤 사우는 영화의 극장 상영은 물론이고 해외 영화제 출품까지도 계획했다. 그러려면 영화감독 섭외에서부터 시나리오 작성, 촬영, 편집, 극장 개봉까지 이 모든 것이 '제대로' 이루어져야 했다. 첫 단추는 제작을 책임질 감독을 찾는 일이었는데, 여러 감독과 접촉한 끝에 KT는 최고의 선택을 하게 되었다. 바로 세계적인 거장, 박찬욱 감독이었다. 박찬욱 감독도 기존에 작업했던 상업영화가 아닌 실험적이고 예술적인 영화에 도전할 기회를 얻고, KT는 아이폰에서 KT 브랜드를 입힐 기회를 얻는, 기업과 예술의 바람직한 협력 사례라고 할 수 있다.

KT와 박찬욱 감독, 영화제작사는 토론과 타협을 멈추지 않았다. 일정을 조율하고 시나리오를 일부 수정했으며, 대형 스크린 상영과 광고제 출품에 합의했다. 포스터 제작과 배포, 시사회 프로모션, 영화관 상영 제반 업무도 협의하에 진행했다. '선례가 없다'는 것이 초반에는 의견의 접점을 찾는 데

걸림돌이 되기도 했지만, 시간이 흐르면서 그것은 그리 문제가 되지 않았다. 이 놀라운 혁신 과제를 제대로 완수하고 효과적으로 전파해야 한다는 목표만 더 확고해질 뿐이었다.

KT의 영화, 세계 영화제와 광고제에서 상을 휩쓸어

마침내 그 혁신의 산물을 평가받을 첫 관문인 시사회가 2011년 벽두에 열렸다. 세계적 거장이 아이폰으로 영화를 찍었다는 것만으로도 화젯거리였다. 초청된 산업부 · 문화부 기자들은 영화 내용만큼이나 아이폰 촬영이라는 KT의 도전에 관심을 보였고, 시사회 직후 국내외의 거의 모든 신문이 이를 보도했다. 그러나 여기서 멈추지 않고 계획대로 다음 행보를 이어갔다. 영화사적으로 혁신적인 제작 방식과 세계적으로 인정받는 박찬욱 감독의 연출력, 동양 예술적인 메시지를 바탕으로 세계 4대 영화제의 하나인 베를린 영화제 단편영화 부문에 〈파란만장〉을 출품한 것이다. 며칠 후 다시 국내외 언론을 통해 낭보가 전해졌다. 베를린 영화제에서도 단 3개뿐인 최우수작품상(황금곰상) 수상이었다.

◎ 정혜윤 사우 인터뷰

Q. 아이폰의 화질이 아무리 좋아도 극장에서까지 상영할 수 있을까 걱정스럽지 않았나요?

'안 된다'와 '된다'의 경계에서 과감히 승부수를 던져 새로운 창조물을 만드는 것이 혁신입니다. 프로젝트의 기획 단계에서 우리는 성능 데이터도 분석했고, 영화제작이 한창일 때 'KT의 박찬욱 감독이 아이폰으로 영화를 만들고 있다'는 메시지 메이킹 필름도 촬영해서 광고로 제작했어요. 스크린에 걸린 광고의 화질이 괜찮았기에 자신감을 가졌죠.

Q. 1월 말, '아이폰으로 촬영한 세계 최초의 영화'가 상영되었습니다. 일반 관객들의 호응도 좋았죠?

결과적으로 관객들은 아이폰으로 영화를 촬영했다는 혁신성과 실험정신에 먼저 반

응했고, 작품의 메시지에 또 한 번 열광했습니다. 작품의 완성도는 기대 이상이었어요. 물론 우리는 신개념 영화의 중심에 서 있는 KT가 가장 자랑스러웠습니다.

Q. 세계적으로 작품성을 인정받은 원동력은 무엇이라고 생각하십니까?

시사회 때 박찬욱 감독이 "촬영장에서는 카메라를 가진 사람이 권력이다. 그러나 아이폰은 그 권력을 분산시켜 제작자들의 수평적 관계를 만들었다"라고 한 말에 해답이 있겠네요. 이 프로젝트는 KT의 브랜드 파워를 높이기 위해 시작되었지만, 이를 통해 영화 제작의 새로운 패러다임을 구축했습니다. 뿌듯하고 놀라웠지요.

Q. 그 여파를 몰아 칸광고제에도 출품하고, 스파이크 아시아 광고제 은상, 2011 대한민국 광고대상 프로모션 부문 대상까지 거머쥐었습니다. 저력이 놀랍습니다.

광고제 수상은 영화제 수상과는 다른 의미를 지닙니다. 작품성과 혁신성을 주로 심사하는 영화제와 달리, 광고제는 광고 아이디어의 참신성, 마케팅 효과 등을 중심으로 평가하니까요. KT는 전통적 광고 형태를 벗어나, 실제 영화를 촬영해 스마트폰의 성능을 홍보하는 새로운 발상을 인정받았습니다. 영화 제작부터 영화제 수상까지 모든 과정이 이슈화되면서 마케팅 효과도 막대했다는 평가고요.

Q. 창의적 아이디어를 구현하는 데는 고통이 뒤따릅니다. 모두가 창의적 결과물을 꿈꾸면서도 실패하는 건 장애물을 넘어서지 못하기 때문인데요. 그런 이들에게 어떤 조언을 해줄 수 있을까요?

고통은 집요하게 따라붙습니다. 선례가 없어서 생기는 혼란, '혹시 정말 안 되는 일이 아닐까' 하는 의구심도 다 고통이에요. 그러나 그것은 남이 가지 않은 길을 선택했기 때문이지요. 당연하게 여기세요. 그러면 포기하지 않을 수 있습니다. 나 역시 앞으로도 혁신을 포기할 수 없을 겁니다. 기존과 다른 발상, 혁신에 대해 고민하는 과정은 고통스럽지만, 그래서 더 좋은 결과를 얻을 수 있음을 경험했기 때문이죠. 포기하지 않고 도전할 때 불가능해 보이던 목표는 하나하나 실현되고, 놀랄 만한 성취감은 혁신의 가치를 깨닫게 해줍니다.

(『Ready Action』, 131–139쪽에서 발췌 정리)

〈그림 IV-9〉 드림 투게더 활동과 일정표

<table>
<tr><th colspan="2">시간</th><th>1일차</th><th>2일차</th><th>3일차</th></tr>
<tr><td rowspan="4">AM</td><td>9:00</td><td></td><td>아침식사</td><td>아침식사</td></tr>
<tr><td>10:00</td><td></td><td rowspan="4">아동센터 자체 프로그램
(아동센터)
물놀이,
점심식사</td><td></td></tr>
<tr><td>11:00</td><td></td><td rowspan="2">회원사 프로그램
코리아보드게임즈</td></tr>
<tr><td>12:00</td><td></td></tr>
<tr><td rowspan="11">PM</td><td>13:00</td><td></td><td>출국(중앙)
수료증 지급, 조별 시상,
총정리 Wrap-up,
동영상 시청, 해산</td></tr>
<tr><td>14:00</td><td>입국(중앙)
명찰 지급, 입국 스탬프</td><td rowspan="2">Egg-Drop 게임(KT)
H유형별 역할분담, Egg-Drop
Activity(교훈) Wrap-up</td><td rowspan="10"></td></tr>
<tr><td>15:00</td><td>캐논 사진교육</td></tr>
<tr><td>16:00</td><td rowspan="2">공동체 프로그램(중앙)
오리엔테이션(대강당),
아이스 브레이킹, 짐풀기</td><td>꿈 생각하기(KT)
자기의 꿈 생각하기
자기 꿈 적기, 해야 할 일 적기</td></tr>
<tr><td>17:00</td><td>Mission을 해결하라!(KT)
보물찾기</td></tr>
<tr><td>18:00</td><td>저녁식사</td><td rowspan="2">비빔밥 Activity(KT)
퀴즈골든벨(10문항)</td></tr>
<tr><td>19:00</td><td>Mission을 해결하라!(중앙)</td></tr>
<tr><td>20:00</td><td rowspan="3">홀랜드 검사(KT)
유형검사(30)
유형별 이해(40)

지역아동센터 선생님과
간담회(15분)</td><td>레크리에이션(중앙)
전체 Boom-up 레크리에이션</td></tr>
<tr><td>21:00</td><td rowspan="2">모노드라마(KT)
감사, 칭찬 글 적기,
모노드라마
(감사, 칭찬글 발표).
글 모아 병에 담기</td></tr>
<tr><td>22:00</td></tr>
<tr><td>23:00</td><td>취침 및 자유시간</td><td>취침 및 자유시간</td></tr>
</table>

아니라 사회의 소외계층이나 꿈과 희망이 필요한 청소년들에게 나누어 주고 있다. 이를 위해 KT는 양평에 폐교를 리모델링하여 비전센터를 열고 일주일에 한 번 2박 3일 동안 사회적으로 도움이 필요한 청소년을 위한 캠프를 개최한다. 캠프의 교육 내용은 ACTION을 기반으로 꿈과 목표를 갖고 스스로 주도하는 삶, 좋은 습관과 태도 등을 담고 있고, ACTION 강사들이 강의한다. 17개의 회사가 같이 참여하고 있으나 〈그림 IV-9〉를 보면 알 수 있듯이 프로그램의 상당 부분을 KT가 주도하고 있으며 교육 만족도도 매우 높은 것으로 나타났다.

첫째 날에는 홀랜드 검사를 통해 아이들이 자신의 적성을 찾고 미래의 직업을 미리 꿈꿔 볼 수 있도록 하고 있다. 둘째 날은 Egg-Drop을 통해, 아이들이 역할을 배분하고 의견을 나누어 창의적인 결과물을 함께 만들 수 있도록 돕고 있다. 모노드라마를 진행하면서 자신의 인생에서 감사한 사람들을 생각해 보고 칭찬하고 싶은 사람들을 정해서 같이 글을 쓰고 이야기를 나누는 시간을 갖고 있다.

(2) Olleh 꿈 캠프

KT는 직원 가족 중 초등학교 4~6학년 자녀와 부모를 대상으로 'Olleh 꿈 캠프'를 개최하여 KT의 핵심가치인 ACTION을 임직원의 가족들에게도 전파하고 있다. 캠프는 여름 및 겨울 방학 기간에 '자녀 1명과 부모 1명'(부모 2명 모두 참석도 가능)의 구성으로 50가족이 참여하여 두 가지 주제로 진행된다(〈표 IV-1〉 참조). 레크리에이션을 제외한 캠프의 모든 프로그램은 내부 직원이 강의와 운영을 맡는다. 캠프에서는 자녀를 지지하고 코칭하는 부모가 되기 위한 '부모 특강'을 실시하며, 최근 중요성이 대두되고 있는 자녀의 건강한 정서와 부모와의 교감에 초점을 두어 진행하고 있다(〈표 IV-2〉 참조). 2012년 5월 17일 센터를 개장한 후 바로 캠프가 운영되었지만 프로그램을 확충할 필요가 제기되었고, KT의 ACTION 직원들이 앞장서서 전체적인 프로그램을 재설계했다.

〈표 IV-1〉 Olleh 꿈 캠프의 주제와 세부활동

주제	세부활동
자녀의 적성과 꿈 찾기	• 홀랜드 적성검사 실시 및 결과 피드백 • 나의 꿈, 장래 희망 적어보기 • 꿈 명함 만들기, 꿈 적은 풍선 날리기
창의와 협력의 의미 배우기	• 창의적 사고 발휘: Egg-Drop Activity • 협력의 중요성: 골든벨 퀴즈, 비빔밥 행사 • 스토리를 통해 알아보는 열정, 창의, 협력: ACTION & TALK

〈표 IV-2〉 Olleh 꿈 캠프 일정표

Day	시간	프로그램	
		자녀	부모
1일차	10:00~10:30	캠프 오리엔테이션	
	10:30~12:00	반갑다 친구야: Ice Breaking (자기소개, 팀명/구호)	
	12:00~13:00	점심식사	
	13:00~15:00	Egg-Drop Activity (창의적 사고, 협업)	
	15:00~16:00	홀랜드 적성검사 실시	
	16:00~17:30	ACTION & TALK (위인 & ACTION STAR)	
	17:30~19:00	저녁식사	
	19:00~21:00	레크리에이션	
2일차	8:00~9:00	아침식사	
	9:00~11:00	나의 꿈/장래 희망 찾기 (나의 꿈/장래희망 작성, 꿈 명함/꿈 풍선 만들기)	부모 특강
	11:00~13:00	골든벨 퀴즈 & 비빔밥 행사 (골든벨 퀴즈 통해 비빔밥 재료 모으기)	동일
	13:00~14:00	캠프 마무리	

KT가 참여한 '드림 투게더', 폐교를 아이들 꿈의 터전으로!

KT 등 국내 14개 기업이 참여한 '아동사랑 네트워크 Dream Together(이하 드림 투게더)'가 후원하고 사회복지공동모금회(회장 이동건, 이하 공동모금회)가 지원하는 지역아동센터 아동들을 위한 교육문화센터의 착공식을 가졌다. KT 등 국내 14개 기업은 22일 경기도 양평 소재의 폐교의 개보수 공사를 통해 아동들이 꿈을 키우는 공간으로 변신시키는 '비전센터'(가칭) 착공식을 진행했다.

'드림 투게더'는 지난 해 3월 국내 유수 기업들이 전국의 3,800여 개 지역아동센터 10만 소외 아동을 지원하고자 설립한 신개념의 사회공헌 프로그램으로, KT와 KBS, 대명그룹, 매일유업, 비룡소, 정철영어TV, 코리아보드게임즈, 하나투어, 한국건강관리협회 등 14개 기업이 참여하고 있다.

'비전센터'는 저소득층 아동들이 새로운 체험과 놀이, 학습 등을 통해 꿈을 꿀 수 있도록 지원하기 위한 문화학습공간으로 양평군 양동면 금왕리에 위치한 폐교를 개보수해 센터에는 텃밭, 공방, 캠핑장, 조형물 등이 조성되며, 향후 2박 3일간의 '비전캠프' 운영을 통해 전국 10만여 명의 소외 아동들에게 꿈과 배려, 시민의식을 심어 준다는 청사진이다.

특히 '비전캠프' 프로그램은 각 기업의 특성에 맞는 기업의 재능기부 참여를 통해 아이들에게 배움의 즐거움과 학습효과를 증대시킬 것으로 기대하고 있다. 캠프 참여 아동들은 KBS 스튜디오를 방문해 아나운서 체험을, 매일유업 공장에서 우유 만드는 체험을 하고, 대명 비발디파크에서는 물놀이와 스키를 즐길 수 있다. 하나투어 직원들을 통해 세계 여러 나라 문화를 익히고, KT는 올레스퀘어 방문 IT 체험 등을 통해 아동들의 정보격차를 해소시키는 한편, 인터넷 · 게임 중독에 대해 예방교육도 진행한다. 정철영어TV의 콘텐츠는 아동들의 영어 교재로 활용되고, 코리아보드게임즈의 다양한 보드게임 체험을 통해 사고력과 사회성을 키울 수 있다. 아동 전문 출판사 비룡소에서는 비전센터 내 아동들의 사고력과 창의력 증진을 위한 다양한 도서도 배치할 계획이다. 한국건강관리협회에서는 소외 아동들에게 건강검진과 의사, 간호사 등 의료 계층의 직능별 현장체험 제공을 통해 아동들이 의료인의 꿈을 꿀 수 있도록 지원한다.

이날 착공식에는 보건복지부 최종희 과장, 공동모금회 김주현 사무총장과 참여기업을 비롯한 지역아동센터중앙지원단 관계자와 대학생 자원봉사자, 지역아동센터 교사, 지역주민 등 150여 명이 참석했다. 특히 방과 후 지역아동센터에서 돌봄을 받는 아동 40여 명이 참석해 아동들이 소망하는 비전센터를 그림으로 그리고 이를 발표해 눈길을 끌었다.

'드림 투게더'는 아동과 교사들의 희망 · 요구사항을 센터 건립에 최대한 반영할 방침이다. 또한 아동들의 꿈을 키워줄 비전센터가 성공적으로 건립되기를 기원하며 소원 풍선 날리기 퍼포먼스도 펼쳐졌다. 비전센터는 오는 5월 완공 직후부터 비전캠프 프로그램을 주기적으로 운영할 예정이며, 후원기업과 후원자, 자원봉사자 등의 참여를 확대하기 위해 페이스북도 22일 오픈했다. 후원 및 재능기부를 희망하는 개인이나 기업은 '드림 투게더 페이스북'에 접속해 안내에 따라 신청이나 기부를 할 수 있으며 기부금은 공동모금회를 통해 모금되며 기부금 처리가 가능하다.

(스포츠월드, 2012. 2. 22)

4) 찾아가는 ACTION Man

KT는 전국을 기반으로 서비스를 제공하는 통신회사이기 때문에 전국 지역 현장에 많은 조직원이 일하고 있다. 통신업의 특성상 기술 개발부터 고객 지원까지 그 직무도 매우 다양하여, 각 분야에 적합한 직원들의 다양한 능력이 필요하다. 핵심가치 부서에서는 다양한 능력으로 각자의 자기 자리에서 핵심가치를 품고 묵묵히 일하고 있는 직원들을 직접 찾아가 격려하고 위로하기도 한다.

4 창의경영

창의성의 중요성은 아무리 강조해도 지나치지 않다. 특히 사업 간의 융합과 개발을 통해 컨버전스 사업의 발전을 꿈꾸는 KT는 창의성을 더욱 중시하여 사원들에게 창의성 함양을 강조하고 있다. 2011년 이석채 회장은 "신입사원, 팀장, 임원 등 대상자별 교육을 통해 창의경영이 기업문화로 자리 잡을 수 있도록 지원할 것"을 지시하고 창의경영스쿨을 개설했다.

창의경영스쿨은 창의경영방법론을 기반으로 임직원이 업무에 활용 가능한 콘텐츠를 제공하는 인재양성 프로그램이다(〈그림 IV-10〉 참조). 우선 이러닝을 통해 전 직원을 대상으로 창의경영과 방법론을 가르치고, 신입사원과 연관 지도자들에게 아이디어를 도출하고 문제해결능력을 강화하는 i-Practice, 핵심과제 수행을 위한 방법을 강화하는 i-Project를 시행한다. 더 나아가 상무보에게는 혁신 리더십을 강화하는 i-Leadership, 창의경영스쿨 강사에게는 효율적으로 전달하는 i-Trainer를 추가로 교육한다. 창의경영스쿨의 운영은 인재개발원이, 콘텐츠 제공은 창의경영센터가 맡아서 전문적인 교육이 이루어지도록 하였다.

〈그림 IV-10〉 창의경영스쿨의 구조와 교육 프로세스

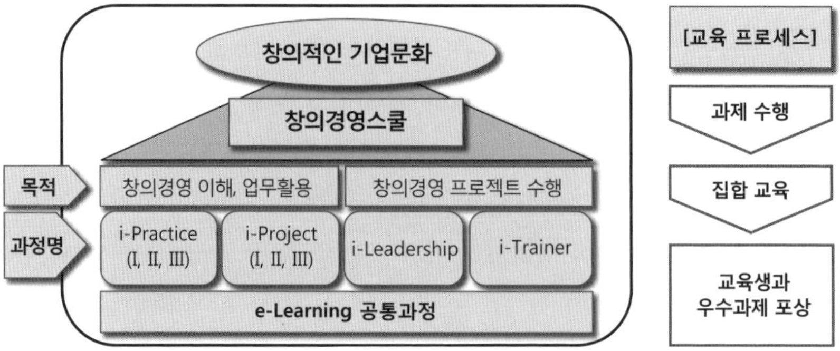

5 안전과 건강

KT가 안전기업문화를 확산하고자 노력한 결과 산업재해로 인한 부상자가 2009년 75명이던 것이 2011년에 와서는 49명으로 눈에 띄게 감소했는데, 이는 동종 업체와 비교할 때도 낮은 비율이다(〈그림 IV-11〉 참조). 또 사업장별로 안전보건활동계획과 그에 맞는 행동강령을 수립하고, 100인 이상의 비교적 큰 사업장에는 산업안전보건위원회를 설치하고 있다. 이와 더불어 무재해 사업장에는 인센티브를 지급함으로써 안전문화 정착을 독려하고 있다.

KT는 안전기업문화가 사내에 뿌리내리도록 하기 위해 다양한 방침을 내놓고 있다. 교육을 가장 우선시하여 정기적으로 안전교육과 보건교육을 시행하고 있으며, 현장에서 재해를 방지하는 방안으로 갑작스러운 날씨 변화에 대비한 안전 메시지, 현장 부서 무재해 4단계 일일 안전활동, 매월 4일 안전점검의 날을 통해 안전의식 고취와 교육에 힘쓰고 있다. 사원의 안전을 위해서는 노사가 힘을 합쳐야 한다는 것에 주안점을 두고 사원들뿐만 아니라 현장의 각 팀장과 감독관을 대상으로 특별안전교육을 노사 합동으로 시행하고 있다. 그리고 KT 안전 리더 세미나를 열어 지도자를 대상으로 교육하고, 무

〈그림 IV-11〉 KT의 산업재해 발생 현황(2009~2011)

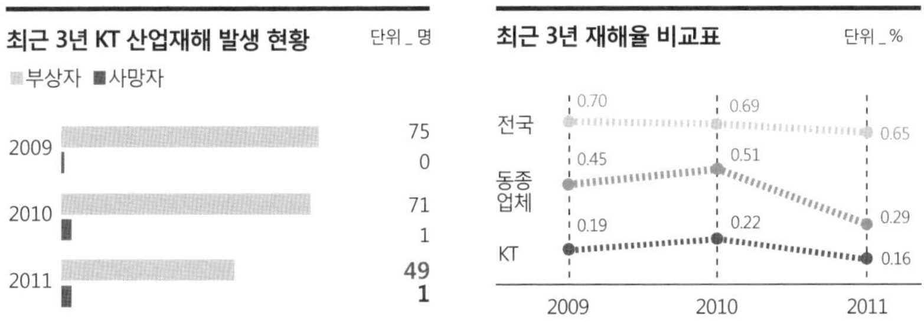

재해 사업장에 대해서는 포상하여 동기부여를 하고 있다.

사원들의 안전과 건강은 신체적인 측면과 함께 정신적인 측면도 고려되어야 한다. 이를 위해서 온라인을 이용한 익명의 고충처리 시스템을 운영하여 스트레스를 관리하고 있다. 그리고 2011년부터는 종합신체검사뿐만 아니라 전문기관을 통한 스트레스 지수를 측정하고 그것을 토대로 사원들이 정신건강을 유지하도록 돕고 있다. 또한 재택근무를 확대 시행하여 임신과 출산에 대한 여사원들의 정신적 · 육체적 고통과 부담감을 덜어주고 있다.

건강한 기업을 만들기 위해서는 개개인을 대상으로 한 교육, 건강검진, 스트레스 관리도 필요하지만 하드웨어적 노력도 병행되어야 한다. 따라서 KT는 근무환경 개선을 위해 리모델링을 실시하고 책을 읽을 수 있는 공간, 명상할 수 있는 공간, 체력단련실 등을 조성하고 있다.

6 창조적 신노사문화

노동운동에는 노동조합의 독점과 관련된 독점적 측면과 노동자를 대표하여 발언하는 대응적 측면이 있다. 독점적 측면은 조합의 이기적 행동으로 인한 고용의 감소, 경제적 효율의 감소 등 부정적인 면에 초점이 맞추어져 있고, 대응적 측면은 건강하게 발언함으로써 노동자들의 퇴직을 감소시키고 만족감을 높인다는 긍정적인 면에 초점이 맞추어져 있다. Freedman과 Medoff(1984)는 이 두 가지 측면 중 어느 하나만 옳다고 볼 수 없고, 두 모습 모두 노동조합이 가지고 있는 모습이라고 지적하면서 사회와 기업이 노동조합의 긍정적인 측면을 강화시켜야 한다고 강조한다. KT도 초기에는 노조와 사용자 간의 갈등이 있었고 그로 인한 단기적 피해들도 있었다. 하지만 KT는 긴 진통 끝에 '창조적인 신노사문화'를 조성하여 노동조합의 긍정적인 면들을 부각시키고, 더 나아가 새로운 가치를 창조하고 있다.

1) 노동조합의 변천사

KT는 2010년 6월 노사문화 우수기업으로 선정되었다. 하지만 처음부터 노사관계가 원만했던 것은 아니었고, 갈등을 이겨내기 위한 부단한 노력이 있었기에 가능한 일이었다. 2001년 이전 KT는 노사 간 극한 갈등과 대립의 대명사였다. 1998년에 구조조정에 반대한 1차 총파업과 2000년의 2차 총파업에 이어 2001년에는 114 분사화 반대투쟁이 있었다. 하지만 KT는 2002년부터 신뢰회복과 안정 중심의 협력적 노사관계의 기틀을 마련하기 시작하여 노사관계 개선을 위해 대대적으로 변화하기 시작했고, 2년 후인 2004년에는 '신노사 문화 대상'을 수상하기에 이르렀다.

2008에는 KT에도 경영 위기의 바람이 불어와 2008년 3분기 영업이익이 전 분기 대비 10% 급감했다. 게다가 경영 비리로 기업 전체가 압수 수색되는 등 신사업 추진에 차질이 생기고 경영에도 공백이 생긴 데다가 관행적 노동운동이 진행되어 상황을 더 악화시켰다. 위기가 될 수 있었던 이 시기에 노사는 오히려 서로 신뢰하며 인징을 도모하기 위한 노력을 시작하여 대화와 이해, 상생의 노사문화를 이끌어 냈고 2009년 그 노력의 첫 열매가 맺어졌다. KTF와의 성공적 합병을 달성하면서 혁신적 컨버전스 서비스를 출시하며 재성장 모멘텀을 확보한 것이다. 비리와의 단절로 Clean KT를 실현하고 성과 연동의 인사제도를 도입하면서 강력한 자정과 제도의 혁신을 이루었다. 또한 상급단체를 탈퇴하고 HOST 운동을 전개하면서 노조의 가치창출활동

〈그림 IV-12〉 사업체 및 노동조합 현황

Olleh KT	KT 노동조합
명칭: 주식회사 KT	명칭: KT 노동조합
소재지: 성남시 분당구 정자동	상급단체: 없음 (2009년 7월 민주노총 탈퇴)
대표자: 이석채	대표자: 정윤모
근로자 수: 약 32,500명	조합원 수: 약 25,100명
설립일: 1981년 12월 10일	설립일: 1982년 1월 6일
Olleh 경영 • 역발상경영 • 미래경영 • 소통경영 • 고객감동경영	HOST 운동 • Harmony(화합) • Originality(창조) • Share(나눔) • Transparency(투명)

〈그림 IV-13〉 KT 노동조합의 연혁

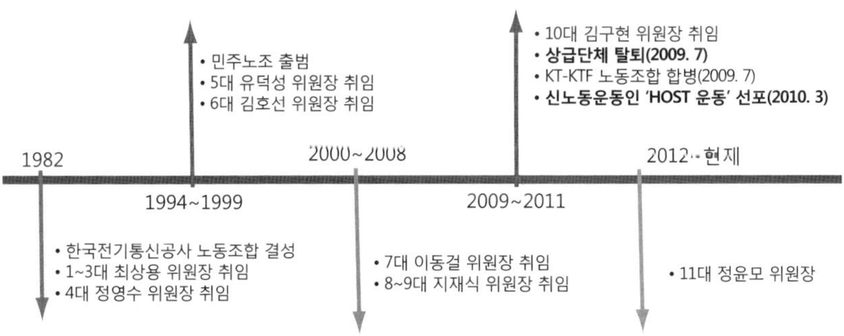

을 주도하는 신노동운동으로의 전환을 이루었다. 이어 2010년 3월에는 창조적 신노사문화를 공동 선언하고, 그해 6월에는 노사문화 우수기업에 선정되고, 노사문화 우수기업 대통령상을 수상하기에 이른다.

〈그림 IV-14〉 KT 노사문화 우수기업 대통령상 수상

제 4325 호

상 장

주식회사 케이티

위는 2010년도 노사문화 대상에서 가장 우수한 기업으로 선정되었으므로 이에 상장을 수여합니다.

2010년 11월 2일

대통령 이 명 박

이 증을 대통령상장부에 기재합니다.

행정안전부장관 맹 형 규

2) 노사관계 발전을 위한 KT의 노력

(1) 최고경영자의 노사관계 실천

노사관계의 안정화를 이루기까지 KT는 지속적으로 다양한 노력을 기울여 왔다. 먼저 최고경영자의 노사관이 크게 영향을 미쳤다. 이석채 회장은 2010년 문화일보와의 인터뷰에서 “노사가 지향하는 뜻이 결코 다를 수가 없으며 회사, 직원, 국가의 이익이 일치하도록 함께 만나는 것이 중요하다”고 이야기했다. 노사의 목표가 다르지 않다는 것을 강조하며 동반성장관계를 이루

고자 노력했다. 또 노동조합의 중요성을 강조하며 노동조합의 협의를 회사의 중요한 프로세스로 인식할 것을 강조했다. 이에 따라 노사 대표가 솔선수범하여 노사문화를 바꾸어 나갔다. 사내 포상 시 노사 대표가 공동 시상하고, 노사 공동기구 의장직 윤번제를 시행했다. 노사 대표가 월례 및 수시 미팅을 하고, 노사협의회가 단체 교섭에 100% 참석하도록 했다. 노사 위원 간에도 격월로 노사 간담회를 열고 노조 대표는 기업 일반 행사에, 이 회장은 노사 회의에 참여하는 횟수를 늘려 서로 자연스럽게 이해할 수 있도록 했다.

(2) 노사상생을 위한 공동 노력

노사 현안의 일상적 해소와 공동 개선활동을 통해 KT는 상생협력을 DNA화하는 노력을 기울여 왔다. 이를 위해 체계화된 6개의 전문 노사 공동기구를 만들었다. 중앙/지방 노사협의회를 분기별로 1회씩 개최하고, 중앙/지방 상시 실무협의회는 매일 열도록 했다. 그 결과 2008년 이후 노사협의회의 실적은 거의 100%에 육박했다(〈그림 Ⅳ-15〉 참조).

또한 노사 공동 워크숍, 노사 정기 간담회, 노사협력 증진 교육, 노사 공동 산업안전보건대회, 노사 합동 실태조사, 노사 공동 벤치마킹 등을 열어 일회성에 그치지 않고 지속적인 관계 개선을 도모하고 있다. 노사의 동반 번영은 노사 공동의 기업가치 창출 활동으로 이어져 노사 공동 마케팅 협력 체제

〈그림 Ⅳ-15〉 지방 및 중앙 노사협의회의 실적

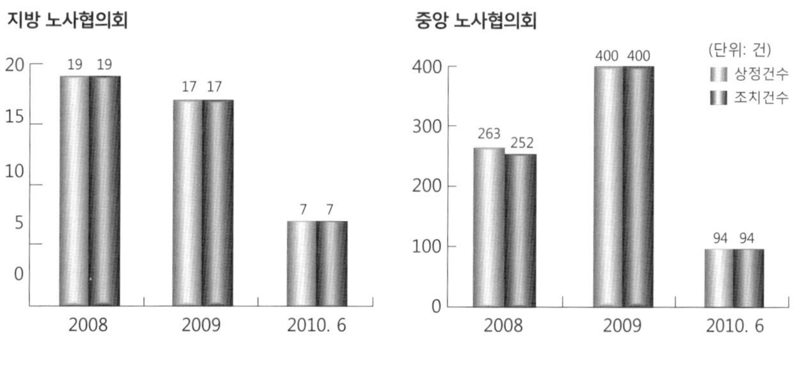

〈그림 IV-16〉 다양한 직원 사기 진작 프로그램

시골 직원가족 본사 나들이	노사화합 Olleh 한마당 잔치	사교육비 걱정 마세요
특급호텔 숙박, 문화공연 관람 (사원가족 450쌍 917명)	열린음악회, 장기자랑 등 (직원과 시민 1만 명 참석)	전 과목 이러닝 교육 (중 · 고생 자녀 1만 6천 명)
자녀사랑 깜짝학교	**노사화합 춘추계 체육행사**	**팀웍 UP! 우리 팀 최고!**
직원과 함께 자녀학교 방문 부모의 감동 메시지 전달	체육대회, 등산, 문화공연 관람 (전 임직원 참여, 연 2회)	팀 단위 테마교육 ACT (53개 팀 522명 체험)
여보, 아빠 사랑해요!	**프로 농구 경기 단체 응원**	**건강체조로 즐거운 하루**
가족 사랑 편지 공모전 (317개 작품 응모)	임직원 및 가족 참석 (54회 3만 2천 명 참석)	1사 1안 운동 (2008년 7월부터 전사 시행)
아빠의 금연은 가족사랑	**함께하는 취미생활 지원**	**합병 직원과 하나 되기**
매년 금연 클리닉 운영 (555명 참여 54명 성공)	1,084개 동호회 (직원가입률 90.8%)	새 가족과 족구, 탁구 대회 (66개 팀 492명 참석)

를 구축하고 노사 간 4건의 MOU를 체결했다. 이뿐만이 아니라 직원과 소외계층을 위해 H_2O 프로그램을 만들어 이러닝을 지원하고, 노사 공동으로 YOUTH 장학 사업과 소외계층 중 · 고생 무상교육을 진행했다. 또한 행복과 즐거움을 제공하는 다양한 사기 진작 프로그램을 정기적으로 시행했다(〈그림 IV-16〉 참조).

(3) 불합리한 노사관행 개선

KT는 관행적 노동운동을 혁신하고 HOST 운동을 진행하여 불합리한 노사관행을 개선하기 위해 노력하고 있다. 과거에는 대립과 투쟁 중심의 노동운동으로 과격한 이미지가 강해 조합원과 국민으로부터 외면을 받았지만 사회적 책임의 실천과 노동조합의 자립을 이루어, 기존 상급단체 지출 비용을 사회에 환원했다. 또한 강력한 자정과 제도의 혁신을 이루어 냈다. 2009년 Clean KT 윤리헌장을 선포하며 전 임직원이 윤리서약과 자기진단을 하고 Clean-365센터를 개설한 데 이어 2010년에는 임직원 '클린 서포터즈'를 출범했다.

(4) 근로자 참여로 열린 경영 달성

KT는 발전된 노사관계뿐만 아니라 노사문화를 자리 잡게 하기 위하여 각고의 노력을 기울였다. 근로자가 경영에 직접 참여하도록 하여 상생관계라는 인식이 자리 잡도록 하였다. 중앙 경영설명회와 Olleh 미팅 등 정기적 경영설명회 열고 본사 부서장 초청 경영설명회를 개최하여 회사의 중요 사항들이 어떻게 결정되고 진행되고 있는지 사원들이 알도록 했다. 사내 방송도 적극 활용하여 임원전략회의를 생중계하고 방송을 통해 경영 현황을 공유하도록 했다.

작업장 혁신에도 근로자가 참여하도록 하였다. 회사정책에 대한 자유 토론의 장을 열어 주고 온라인 Cool Box를 운영했다. 이와 더불어 청년이사회 블루, 지식경영 시스템인 KT-Pedia를 운영하는 등 다양한 소통의 장을 통해 경영 참여를 촉진했다. 또한 작업장 혁신이 임원이 아닌 근로자에 의해 주도되도록 하였다. 근로자 주도로 일하는 방식 혁신 프로젝트를 추진하고, 5S운동을 통해 작업장 혁신 및 장비 보전활동을 추진하였다. RAI 매트릭스를 도입하여 개인별 책임권한이 확대되도록 했다. 한편 직원들의 집단 지성을 활용한 새로운 방식의 Idea-Wiki를 운영하여 이때 제안된 아이디어를 기업가치 창출에 활용하고 있다(〈그림 IV-17〉 참조).

KT는 사업가치 창출에 관련된 의견만이 아니라 불만사항이나 고충에도 귀를 기울이려는 취지에서 작은 소리도 크게 들을 수 있도록 3중의 고충처리제도를 만들었다(〈그림 IV-18〉 참조). 중앙, 지역, 현장 단위별로 총 1,350명의 고충처리위원을 임명하고 사안이 접수되면 10일 이내에 해소되게 하였다. 또 전국에 450개의 고충처리상담소를 설치하고 운영하였다. 온라인으로

〈그림 IV-17〉 Idea-Wiki

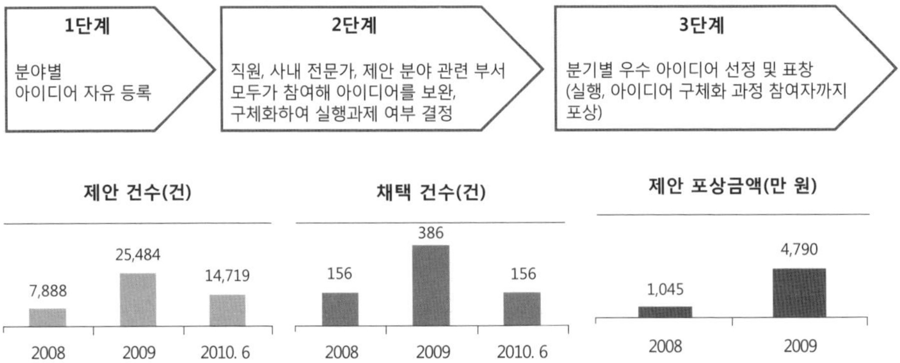

〈그림 IV-18〉 고충처리위원회의 구성과 운영

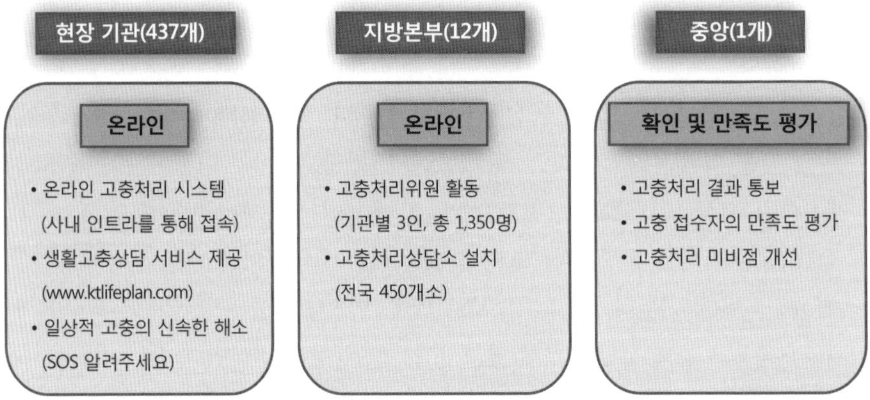

도 고충처리가 가능하게 했으며 처리 후에는 결과를 확인하고 만족도를 평가하고 있다.

3) UCC

(1) 추진 배경과 방향

KT는 국내 최초로 단일 기업 차원을 넘어서 노사 공동으로 사회적 책임을 실천하기 위해 'UCC(Union Corporate Committee)'라는 기업 간 노사협의체를 만들고 여러 회원사와 함께 사회적 책임 실천을 선도하고 있다. UCC는 노동조합의 미래가치와 지속가능, 글로벌 시대 기업의 지속가능을 위해 뜻을 함께하는 기업들과 힘을 모은 기업 간 노사합의체다. KT가 주축이 되어 추진 기업들 간 노사공동 멤버십 형태의 연대의 역할을 하고, 회원사의 특성과 장점을 살린 추진과제를 발굴하였다. 정치적 목적이나 노조상급단체 등의 활동을 일체 배제한 노동조합의 사회적 책임(Union Social Responsibility, USR) 실천과 회원사별 상생의 노사문화 공유와 교류를 목적으로 하여 운영되었다. 그리고 이를 통해 기업 간 연대를 증대시키고 실천력을 강화시키는 것을 UCC 전체의 큰 방향으로 잡았다. 회원사 연대 노사 공동 사회적 책임의 실천을 추진하고, 노사상생의 창조적 신노사문화를 공유하고 확산하기 위해 노력했다. 또한 회원사 간 연대 및 교류를 통한 조직원에 대한 복지를 증진하

〈그림 IV-19〉 UCC 추진배경

노동조합

- 노조의 미래가치를 높이고 지속가능성에 대한 대안으로 USR 추진에 대한 사회적 요구와 지적에 대해 충분히 인식
- USR 활동에 대한 뚜렷한 이론과 실천과제에 대한 정보가 부족하여 기부 수준의 사회공헌 활동에 머무르고 있으나 장기적으로 USR 실천에 대해서 긍정적

기업

- 노사 간에 발생할 수 있는 잠재적인 갈등과 충돌을 예방하여 장기적으로 노사관계의 안정에 기여할 수 있는 방안으로 USR을 적극 모색
- 노조의 USR 활동은 조합원의 신뢰 → 장기적 노사 관계의 안정화 → 기업의 경쟁력 강화 → 글로벌 시대의 지속가능성 → 고용안정의 선순환으로 연결

- **USR에 대한 명확한 개념과 모델 정립**
- **USR에 대한 체계적인 교육과 홍보**
- **노사 공동 SR 확대방안 협의기구 구성**

- **실천 가능한 구체적인 USR 프로그램**
- **USR의 실천, 모니터링, 평가 시스템**
- **기업의 CSR 활동과 연계 → U.CSR**

〈그림 IV-20〉 UCC 비전체계

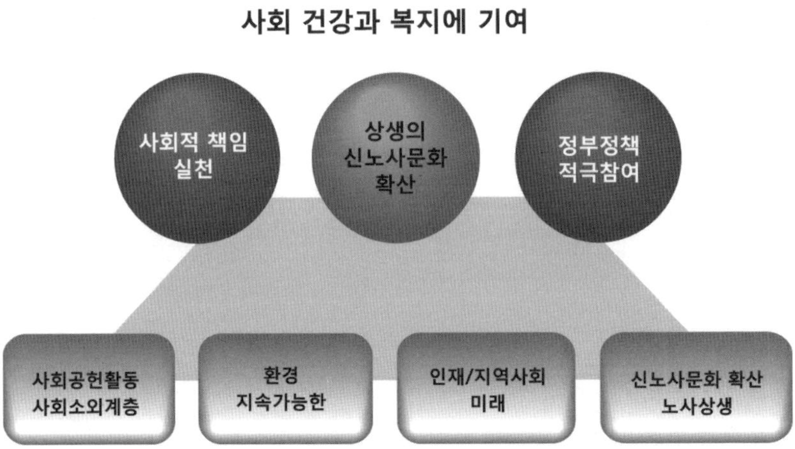

고 결속력을 강화했다.

UCC는 사회공헌, 환경보호, 인재/지역사회 발전, 신노사문화 확산 등 4대 추진 분야별 다양한 실천과제를 선정하여 사회 건강과 복지에 기여하는 것을 장기적 비전으로 삼았다(〈그림 IV-20〉 참조). 일자리를 창출하고, 비정규직 고용을 안정화시키며, 대 · 중 · 소기업과 상생하고 지역공동체의 동반성장을 추진하는 정부정책에도 적극 동참했다.

UCC는 회원사 모두가 동등하게 참여하는 공동의장 협의체로, UCC 추진체는 분야별 최고 전문기관과 협력 및 지원체계를 구축했다. 대한적십자사와 협약을 맺어 국내외 사회공헌 포괄협약을 체결하고 다문화가정 이슈를 해결하기 위해 국제적 협력을 도모했다. 노사발전재단과 힘을 합쳐 신노사문화 추진과제를 개발하고, 일터를 혁신시켜 고용창출 전문 컨설팅을 지원했다. 또 한국능률협회컨설팅(KMAC)과는 UCC 추진과제를 진행하고 추진협의체 운영 자문을 구했다. 또 자문의 범위를 한국에 국한하지 않고 세계로 확산했다. 단국대학교와는 UCC 출범 자문위원회를 구성하고 비전체계를 확실히 했다. 이런 협력을 통해 인지도를 확대하고 사회적 책임에 대한 실천력을 강화했다. 이렇게 다수의 노동조합과 기업이 사회적 책임을 위해 힘을 모

〈그림 IV-21〉 UCC 추진체계

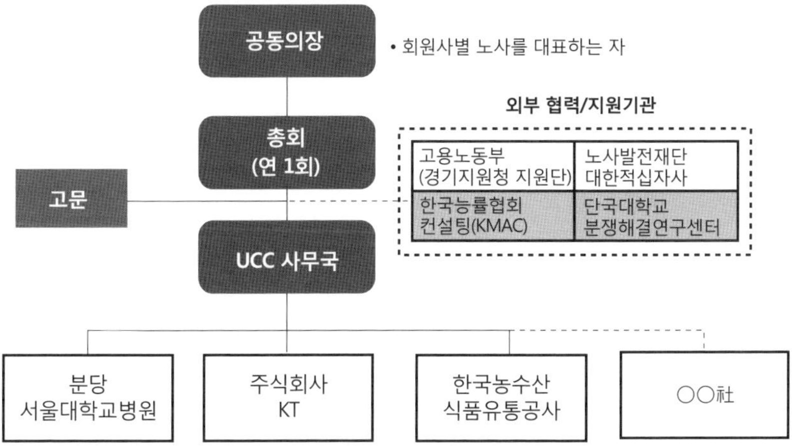

은 것은 한국에서 유례가 없는 일이다.

(2) 추진실적

2011년 10월 25일 창립총회를 통해 UCC 공동 선언문을 채택하고 노사 공동의 사회적 책임 실천과 신노사문화의 확산을 위해 출범하였다. 그리고 가장 먼저 UCC 장학사업을 시행하여 회원사별 노사 공동으로 장학기금을 마련하고 소외계층 학생(고등학교 1학년)을 대상으로 장학생을 매년 10명씩 선발하여 지원하고 있다. KT에서는 고등학교 등록금 전액을 3년간 지원하고 매월 생활비를 지원하고 있다(〈그림 IV-22〉).

이뿐만이 아니라 UCC 사회공헌활동도 힘쓰고 있다. 지역사회 아동보호활동의 일환으로 2012년에는 어린이날을 맞아 분당서울대학교병원을 찾아가 소아병동 입원 환자와 외래 환자들을 위해 태블릿 PC로 동화책을 읽어 주고, 마술쇼를 시연하고 학습 도서와 교육 로봇인 '키봇'을 기증하는 등 문화와 재능 나눔활동을 벌였다.

(3) 추진 현황 및 계획

UCC는 노사의 사회적 책임을 실천하고자 그동안 많은 노력을 기울여 왔

〈그림 IV-22〉 노사 공동 장학증서 수여

고, 이를 토대로 앞으로의 활동계획을 세우고 있다.

첫 번째로, UCC 회원사와 그룹사를 대상으로 노사발전재단의 전문 컨설팅을 통해 일자리를 창출하고자 한다. 구체적으로 고용차별 개선, 고용창출, 일터 혁신, 노사문화 혁신을 위해 노사발전재단과 MOU를 맺고 전문가 컨설팅을 진행함으로써 기업의 경쟁력을 강화하고 근로자의 삶의 질을 향상시킬 계획이다.

두 번째로, 사회공헌활동을 계획하고 있다. 노사가 공동으로 그간 누려온 기득권을 사회의 소외계층과 취약계층과 나누기 위해 회원사 공동으로 분기별로 복지시설을 찾아가는 토털 케어 활동을 추진하고 있다.

세 번째로, 환경보호를 목표로 하고 있다. 현 세대와 후손까지 살아갈 수 있는 환경을 만들기 위해 전국적으로 UCC 회원과 노사가 함께 UN MOGs 캠페인과 환경정화활동을 추진하고 있나. 1년에 2회 전국 회원사가 동시에 UCC 녹색지킴이 운동을 벌이는 등 캠페인과 환경정화를 통해 환경보호의 중요성을 각인시키고 앞장서서 시행하려 한다.

네 번째로, 미래 인재 양성과 지역사회 발전을 도모해 나갈 계획이다. 현재 성적우수 학생에 대한 장학금 지원과 청소년 여름캠프 운영으로 미래 인재 양성에 기여하고 있다. 또한 소년소녀가장과 저소득층 학생을 대상으로

〈그림 Ⅳ-23〉 UCC 녹색지킴이 운동, 지역사회 발전 프로그램, 농촌진료봉사

한 UCC 청소년 여름 캠프를 통해 진료교육과 회원사 견학을 제공하고 있다. 이를 기반으로 지역사회 발전을 위해 UCC 회원사 사업장 인근 농어촌, 지역 재래시장과의 결연을 통해 일손을 돕고 무료 진료봉사를 하는 등 다양한 프로그램을 전개할 계획이다.

다섯 번째로, 신노사문화를 확산시키고자 한다. 회원사 간 상생의 노사문화 교류와 다문화가정의 사회적 이슈 해결을 위한 글로벌 봉사활동, UCC 활동의 국내외 전파를 위한 포럼 운영 등을 통해 노사문화의 선진화와 글로벌화에 앞장설 계획이다. 이미 대한적십자의 협조를 얻어 다문화가족을 7박 8일간 베트남에 보내주기도 했으며, 2012년 8월 총회에서는 국내의 베트남 다문화가정과 현지의 친정 간 화상 상봉을 위한 화상면회소 개소식이 진행되었다. 앞으로는 이를 기반으로 화상 면회뿐 아니라 UCC 글로벌 봉사활동을 본격적으로 추진할 계획이다.

7 친환경사업

1) 환경경영 비전

지속가능경영을 위한 조직으로 거듭나려면 기업은 시대에 맞는 새로운 사업을 개발해야 하며, 환경에 대해서도 일정 부분 책임져야 한다. 특히 자연환경은 기업이 중점적으로 고민해야 하는 부분이다. 그런 맥락에서 그린 IT 중심의 환경경영 기업이야말로 새로운 비즈니스 기회를 통해 미래의 성장을 주도할 것으로 보인다. KT는 국내 최고의 기업답게 환경 분야의 사회적 책임에도 앞장서고 있다. KT는 환경경영 비전을 'Green KT, Green KOREA'로 정하고 녹색선진국 건설을 주도하는 그린 컨버전스 리더로 발돋움하고자 한다(〈그림 IV-24〉 참조). 그리고 회사 생태계를 위한 세 가지 세부 비전을 세웠다. 그 첫 번째는 그린 생태계의 조성이다. 기업에서 먼저 친환경 제품을 구매하고, 본사뿐만 아니라 협력사도 함께 그린 역량을 강화하도록 한다. 두

〈그림 IV-24〉 KT의 환경경영 비전

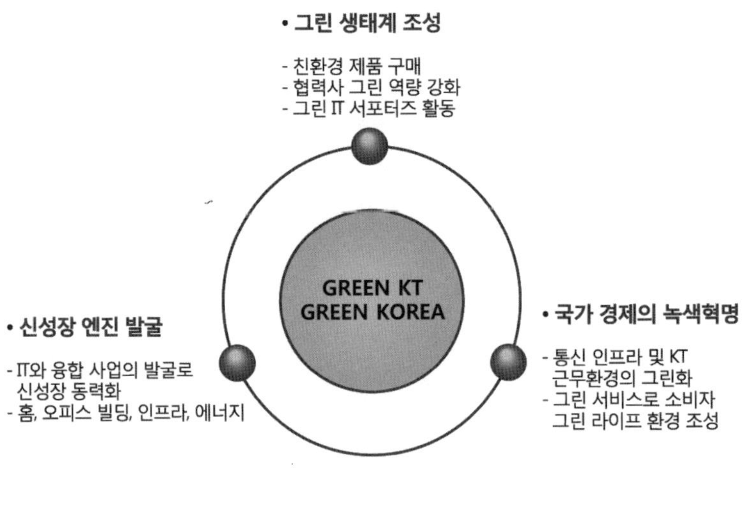

〈그림 IV-25〉 KT의 에너지경영위원회 조직도

전기총괄/차량유	무선 분야 전기	IDC 분야 전기	IT 솔루션	건물/냉난방유
유선네트워크 운용본부장	무선네트워크 운용본부장	기업 Product 본부장	스마트그린 개발단장	자산경영실장
운용품질담당 코어망운용담당	무선망운용담당	IMO 운용센터장	그린에너지 담당	자산기획담당 자산센터장
• 전기/차량유 절감 • 유선시설저전력화 • 유선서비스/장비별 전력소비량 측정	• 전기절감 • 무선시설 저전력화 • 무선서비스/장비별 전력소비량 측정	• IDC 전기절감 • IDC 전기 효율 향상 • IDC 서비스/장비별 전력소비량 측정	• KT-BEMS 개발 • KT-BEMS 적용 • 에너지 IT 솔루션 개발 및 R&D	• 냉난방유 절감 • 빌딩 고효율화 • 빌딩에너지 통합 관제 강화/확대

GSS부문: 이행지원 및 성과관리

번째는 국가 경제의 녹색혁명이다. 그린 서비스로 소비자 그린 라이프 환경을 조성하고 KT 근무 환경도 바꾸어 나가는 것을 목표로 한다. 세 번째는 신성장 엔진 발굴이다. IT와 융합사업의 발굴로 신성장을 동력화하는 것이 목표다.

KT는 녹색성장을 위한 계획을 성공적으로 이끌기 위해 각각 부서를 만들고 부서를 지지할 시스템과 부서 간 의사소통을 위한 장치도 마련했다. 그리고 국내 및 국제적 환경 규제와 변화에 민감하게 반응해 나갈 비전과 대응책을 모의하기 위해 에너지경영위원회도 조직했다. 에너지 경영회의를 열어 에너지 절감을 위한 단 · 중 · 장기 목표를 세우고 그 목표를 달성하기 위한 방법들을 논의했다. 전기총괄/차량유, 무선 분야 전기, IDC 분야 전기, IT 솔루션, 건물/냉난방유 이렇게 다섯 본부로 나눈 다음 각 부분의 경영진을 선출하고 그 경영진을 대상으로 책임실명제를 실시했다(〈그림 IV-25〉 참조).

2) 국책사업 참여

KT는 정부의 녹색성장정책에도 적극 참여하고 있다. 지식경제부와 국토해양부에서 진행되는 국책과제에 동참할 뿐만 아니라 KT는 자체 기술을 이

〈표 IV-3〉 KT가 참여한 정부 주관 녹색성장사업

주관 부처	국책과제명
지식경제부	• 소비자 참여형 스마트 그린 플레이스 구축 • 전기자동차 충전 인프라 및 운영센터 구축을 통한 국내 및 해외형 신규 비즈니스 모델 실증 • 스마트 탄소 미터링 핵심기술 개발 • K-MEG 에너지 통합운영관리 시스템 개발 및 구축
국토해양부	• 차량 및 지상 고정센서를 이용한 국토 모니터링 기술 개발: 실시간 노동형 지상 모니터링 시스템 개발 • U-City 플랫폼 미들웨어 개발 • 도시공간 정보 기반의 UFEMS 및 통합 플랫폼 개발

용하여 전력부하자원관리사업을 추진하고 있다. 스마트 기기와 컴퓨터가 생활화되면서 우리나라는 전력 수급에 어려움을 빚고 있기 때문에 비상 상황이 발생했을 때 KT뿐만 아니라 국가적으로 오는 경제적 손실을 막기 위한 준비를 하고 있다. 극한의 더위나 추위 때문에 냉난방이 증가하여 국가 예비력이 5천 MW 이하로 하락할 때 부하감축을 실행하고 있다. 또한 이를 효과적으로 진행하기 위해 실시간 양방향 통신과 모니터링 시스템을 구축하기 위해 노력하고 있다. 이와 더불어 KT는 에너지관리공단과 그린 IT 비즈니스 협약을 체결했다. 스마트 그리드 개념을 각 사업장 전체에 적용하여, 이를 다시 그룹 단위로 통합하여 관리하는 K-MEG 사업을 공동으로 추진하고 있다. 이뿐만 아니라 신재생 에너지 사업에도 힘을 싣고 있다. 수소를 원료로 사용하여 새로운 에너지를 창출하는 연료전지를 건물에 도입하기 위한 시범보급 사업과 도심에 알맞은 신재생 에너지 발전사업 협의에도 참가하고 있다.

그리고 작은 부분부터 바꾸어 나가기 위해 전사적으로 친환경제품의 구매 비율을 증가시키고 있다. 물품을 갖추거나 설비를 진행할 때 전기통신설비에 대한 기술요구서에 환경조건을 고려하도록 했고, 협력사에서 물품을 납품

〈표 IV-4〉 KT의 녹색구매실적

(단위: 개, 백만 원)

구분		2009		2010		2011	
		품목 수	금액	품목 수	금액	품목 수	금액
친환경 제품	환경마크 인증제품	408	1,400	645	4,308	439	5,094.9
	GR 마크 인증제품	42	11	-	-	1	2.2
기타 친환경 제품	에너지절약 마크 제품	18	43	106	568	1	0.1
	유해물질 저감제품	16	48	-	-	-	-
	폐기물 저감제품	5	6	-	-	1	0.9
	해외 환경마크 인증제품	-	-	-	-	-	-
	기타	317	269	-	-	30	14.4
합계		806	1,777	751	4,876	472	5,112.5

받을 때에도 환경적인 면을 고려할 수 있도록 친환경제품 구매 가이드를 제시하고 있다. 이를 통해 2011년에는 그 전해에 10배가 넘는 금액의 환경마크 인증제품을 구매했다(〈표 IV-4〉 참조).

또한 통신업계 최초로 녹색기술 및 사업 인증을 획득했다. Zigbee/PLC를 이용한 홈 네트워크 기술, KT-Building Energy Management Solution, RF/CT 기반 에너지 원격 측정 기술 등 녹색기술인증 3건을 취득했다. 그리고 3G/IPTV/VoIP 연계 화상회의 사업, 녹색 통신 인프라 구축을 위한 국사 광역화 사업, DC전원 기술을 활용한 그린 IDC 구축 사업, 친환경 주소 변경 사업 등 4건의 녹색사업인증을 받았다.

3) KT의 에너지 절감 실천사항

KT는 새로운 에너지원의 개발이나 시스템의 발전뿐만 아니라 에너지 절약을 위한 습관을 만드는 것에도 힘쓰고 있다(〈그림 IV-26〉 참조). 임직원을 대상으로 에너지 절감 실천 가이드를 배포하여 '고효율 에너지 절감 사업장'으로 변화를 모색하고 있다. 특히 정부의 '에너지 빼기(-) 사랑 더하기(+)' 캠

〈그림 IV-26〉 KT의 에너지 절감 수칙

페인에 앞장서고 있다. 이 캠페인은 7~8월 동안 건물에서 전년도와 비교하여 절약한 전력에 해당하는 만큼 일정 금액을 적립하여 참여자 명의로 에너지 절약의 달인 11월에 연탄은행 전국협의회와 공단지역에너지 기후변화센터 및 후원업체 등을 통해 여러 이웃에 연탄을 전달하는 것이다. KT는 전국전화국의 에너지 사용량 감시 및 제어, 하절기 피크 전력 실시간 감지 및 통제, 고효율 냉방시스템 운영 등을 통해 2009년에 2008년 대비 5%를 절감함으로써 99억 상당의 예산을 절약했다. 그 후 2011년에는 전년 대비 100개소가 증가한 사업장에서 참여하여 에너지 비용 11억 원을 줄였다.

통신설비가 많은 기지국 등은 다양한 방법으로 에너지 절약을 추진하고 있다. 빌딩 에너지 관리 시스템과 시설물 통합관제센터 등 에너지 관리 기술이 융합된 IT 솔루션을 개발하고 태양광 발전소를 구축하고 있으며, 설비 내 고효율 LED 조명을 적용하고 있다. 또 통신국 지하수를 활용해 냉난방 시스템을 새로 구축하고, 각 기지국에 하드웨어의 증설이 아닌 소프트웨어 제어 기술 개발을 통한 에너지 절약을 시도하고 있다.

KT는 온실가스 배출량 감축에도 동참하여 현재 통합 KT 기준으로 탄소배출량을 2020년까지 2007년 대비 30% 절감하는 것을 목표로 하고 있다. 현재 국내 통신업계 최초로 KT는 온실가스 배출원별로 자료를 수집하고 탄소배출량을 산출하는 시스템을 구축하였다. 이를 통해 온실가스의 배출량이

〈표 IV-5〉 KT의 온실가스 배출량 추이(2007~2011)

(단위: tCO_2)

구분		2007	2008	2009	2010	2011
직접 배출	고정연소	41,063	40,828	40,221	49,073	44,332
	이동연소	13,343	12,097	18,210	17,657	19,346
	계	54,406	52,924	58,431	66,730	63,678
간접 배출	구매전력	1,157,496	1,165,567	1,077,073	1,104,758	1,105,986
	스팀	4,576	3,621	4,391	4,659	3,594
	계	1,162,072	1,169,188	1,081,465	1,109,417	1,109,579
총배출량		1,216,478	1,222,112	1,139,896	1,176,147	1,173,257

주: 2007~2010년 배출량 검증기관: BSI(영국표준협회); 2011년 배출량 검증기관: 한국품질보증원.

많은 곳을 찾아내어 이를 줄이기 위해 노력하고 미래의 기술 발전을 위해 데이터를 축적하고 있다. 그리고 제3자 검증기관의 검증을 거쳐 데이터의 정확도과 신뢰도를 높이고 있다. 특히 2007년부터 3년 동안은 영국표준협의회의 검증을 받고 2011년에는 한국품질보증원의 검증을 받았다. 정기적으로 내부의 시스템을 통한 감시뿐만 아니라 외부의 기관 확인을 통해 정확한 배출량을 도출하여 정부에 보고하고 있다.

특히 2011년에는 네트워크 최적화, 클라우드 가상화, 통신인프라 저전력화를 구축하여 2010년과 비교하여 전사적으로 약 3천 톤을 절감했다(〈표 IV-5〉 참조). 전체 탄소가스 배출량에 비하면 3천 톤은 많은 양은 아니지만, 통신망 전쟁으로 대역폭 때문에 에너지 소비가 급격히 증가하는 다른 통신사들에 비하면 눈여겨볼 만한 성과라 할 수 있다.

또한 KT는 친환경경영을 확산하고 있다. 연료전지나 태양광, 지열 등 대체 에너지 사용을 늘리고, 이를 이용한 설비도 지속적으로 개발하고 있다. 2011년 국내 통신업계 중 처음으로 태양광 발전을 이용하는 설비의 도입을 시도하였다. 그 대표적인 예가 강릉 태양광 발전소다. 강릉 태양광 발전소는 순수 국산품 자재와 고효율 태양전지를 이용해 1MW급 추적식 태양광 발전설비로 연간 182만 kWh를 생산하고, 실제로 상업운전을 시작해 본격적으로

〈그림 IV-27〉 KT 강릉 태양광 발전소의 월별 발전량(2011)

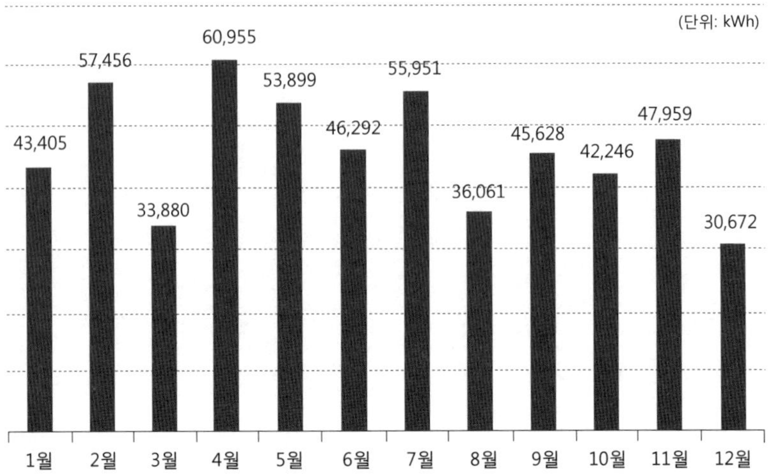

전력 판매에 나서고 있다(〈그림 IV-28〉 참조).

KT는 화상회의를 통해 온실가스 배출을 최소화하려는 노력도 기울이고 있다. KT는 통신업의 특성상 사업장이 전국에 산재해 있어 각 사업장의 주요 인사들이 의사결정을 위해 한데 모이려면 이동거리가 늘어나고 탄소배출량도 증가할 수밖에 없다. 이 점을 당연한 현상이라고 생각하지 않고 철저하게 연구한 결과 KT 경제경영연구소는 사내에서 20%만 온라인 화상회의로 대체하더라도 탄소배출량이 줄어들고 업무생산성이 향상되어 137억 원에 달하는 비용이 절감될 것이라는 결론에 도달했다. 화상회의를 전사와 전국에 걸쳐 가능하게 하는 데에는 초기 비용이 많이 소요되었지만, KT는 더 먼 미래와 환경보호를 고려해 전국에 90개의 영상회의실을 증축하고 임직원과 외근 직원 모두 영상통화에 참여할 수 있도록 함으로써 2011년 한 해만 1억 원이 넘는 비용을 절약할 수 있었다.

참고문헌

김성수(2011), 『현대카드 · 현대캐피탈의 변화와 혁신』, 서울대학교출판문화원.

김성수(2012), 『기업의 인재관리전략: 하나금융그룹의 사례를 중심으로』, 서울대학교출판문화원.

김윤현(2012.8), 「민영화 10년. KT, 기로에 서다」, 『ECONOMY PLUS』.

디지털융합연구원(2005), 『디지털 컨버전스 전략』, 교보문고.

윤원태(2007), 「기후변화 현황과 전망」, 『그린 삼성』 통권 제81호.

이상남(2012.10), 「Diversity Management」, 『Dong-A Business Review』, 동아일보사.

한인수(2009), 『현대 인적지원관리 - 동양적, 구미적 인사관리의 통합』, 명경사.

황주성(2010), 「디지털 컨버전스 기반 미래연구 (II) 총괄보고서」, 『디지털 컨버전스 기반 미래연구 시리즈』, 정보통신정책연구원.

KT(2011), 『당신이 KT의 주인공입니다 - Ready Action』.

KT(2011), 『KT30년사』.

KT(2012), 『KT 지속경영가능 보고서』.

Christakis, N. A., & J. H. Fowler (2009), *Connected: The Surprising Power of Our Social Networks and How They Shape Our Lives*, New York: Little, Brown & Co.(이충호 역, 2010, 『행복은 전염된다: 하버드대가 의학과 과학으로 증명해낸 인간관계의 비밀』, 김영사)

Collins, J. (2002), *Good to Great*, New York: HarperCollins.(이무열 역, 2011, 『좋은 기업을 넘어 위대한 기업으로』, 김영사)

Colquitt, J. A., D. E. Conlon, M. J. Wesson, C. O. L. H. Porter, & K. Y. Ng (2001), "Justice at the Millennium: A Meta-Analytic review of 25 Years of Organizational Justice Research", *Journal of Applied Psychology* 86(3): 425-445.

Freeman, R. B. & J. L. Medoff (1984), *What Do Unions Do?*, New York: Basic

Books.

Handy, C. (1993), *Understanding Organizations*, Oxford: Oxford University Press.(노혜숙 역, 2011, 『최고의 조직은 어떻게 만들어지는가?』, 위즈덤하우스)

Kogut, B. & U. Zander (1992), "Knowledge of the Firm, Combinative Capabilities, and the Replication of Technology," *Organization Science* *3*(3): 383-397.

Song, J., P. Almeida, & G. Wu (2003), "Learning-by-Hiring: When is mobility more likely to facilitate interfirm knowledge transfer?", *Management Science* 49(4): 351–365.

찾아보기

Abstract

Organizational Culture and Human Resources System of KT Corporation

Seongsu Kim

KT Corporation (KT) has long been a dominant force in the Korean telecommunications industry. Its main business has been traditional telephone servicesand which then it added wireless communication services. Now the focus has shifted to mobile content businesses and related mobile services as smart phones became ever popular with Koreans.

All these changes meant that KT had to reevaluate its business strategies and realign its management system in order to better compete in the marketplace. One of the key characteristics of KT is its firm-wide emphasis on innovation. Faced with slow growth prospects and ever increasing competition in the industry, the company launched a series of programs aimed at changing the attitude and behavior of employees so that they become agents of innovation in the company. This book details the process with which KT engaged employees to change their attitudes and behavior.

This book also explains innovations that sprung out of the new initiatives at the company. After reading this book, readers will be able to understand the dynamics and details of the innovation process at KT. This book was written for educational purposes for the MBA students at the Graduate School of Business at Seoul National University in Korea. However, anyone interested in corporate innovation will be interested in the book.

:: 발간사

서울대학교 경영연구소의 '한국기업경영사 연구사업'은 한국기업경영에 대한 역사적 연구를 통하여 우리나라 기업경영의 역사와 변천과정, 그리고 이의 성과를 평가하고 미래발전에 대한 시사점을 제시하는 것을 기본 목적으로 시행되었으며, 그 연구의 결과로 본 총서 시리즈를 발간하게 되었습니다.

한국기업의 성장 발전은 과거 30~40년 사이에 매우 빠르게 이루어져 한국경제 성장을 견인하여 왔으나, 한국기업의 발전과정에 대한 체계적인 연구는 이루어지지 않은 것이 오늘의 현실입니다. 역사를 모르고선 우리나라 기업경영의 미래와 발전을 바랄 수 없습니다. 본 총서는 우리 기업의 발전과정에 대한 체계적인 연구를 통하여 선진외국으로부터 1950년대 후반부터 도입된 경영학과 경영기법들이 한국적 토양에 어떻게 정착되었는지를 고찰하고, 향후 지속적인 발전을 위한 학문적 연구방법 및 한국기업경영의 방향을 모색하였습니다.

본 연구를 토대로 서울대학교 경영연구소는 명실상부 한국기업경영사연구의 중추적 역할을 수행하며, 대학과 연구소의 국제적 경쟁력과 위상을 높일 수 있을 것으로 사료됩니다.

본 연구는 2004년 3월부터 42명의 서울대학교 경영대학 교수와 외부기관의 박사급 이상의 연구원이 공동으로 연구를 하였고, 주제는 산업별 역사, 기업경영사, 기업정책의 변천사 등을 총망라하였습니다.

본 연구총서가 학문적으로 국내외에서 유용한 연구자료로 활용됨은 물론이고, 우리 기업의 성장과정을 직접 체험한 기성세대에게 있어서 기업의 성장 발전과정에 관한 지식을 체계적으로 전달하고, 차세대 젊은이들에게도 유용한 정보를 제공하여 미래 한국기업경영의 방향을 모색하는 데 유익한 자료가 되길 바랍니다.

끝으로 밤을 밝히며 연구에 매진하여 훌륭한 연구실적을 내기까지 노력과 수고를 아끼지 않은 저자 여러분과, 본 연구를 위하여 기꺼이 연구비를 출연하여 주신 SK그룹, 현대자동차그룹, 삼양사에도 심심한 감사를 드립니다.

2005년 7월

서울대학교 경영대학 학장

서울대학교 경영연구소 소장

:: 저자 약력

김성수

서울대학교 경영학과 졸업
미국 University of Chicago 경영학 석사
미국 University of California, Los Angeles(UCLA) 경영학 박사
1997 – 현재 서울대학교 경영대학 교수(전공분야: 인사조직)

수상

우수강의상. 서울대학교 경영대학. 2012
우수연구상. 서울대학교 경영대학. 2012
대한민국학술원 우수도서 선정, 2011 및 2008
Mercer 최우수논문상(Mercer Award), 2004
한국인사조직학회 국제학술상, 2002
미국 경영학회(Academy of Management) 최우수논문상, 1997

저서 및 논문

「인적자원 아키텍쳐가 조직유효성에 미치는 영향」. 『노사관계연구』 13(2): 123 – 142. 2002.
「성과급 제도의 동향과 전망」. 『경영논집』 37(1): 29 – 44. 2003.
『전략적 인사관리』. 서울대학교출판부. 2006.
『한국기업 성과급제도의 변천』(공저). 서울대학교출판부. 2007.
「경영시스템의 변화와 혁신: Transformations of SK」. 『서울대학교 경영연구소 사례시리즈 2』. 우듬지. 2008.
『사원 만족도 관리 전략: 예스코의 변화관리』. 서울대학교출판부. 2009.
『한국 제약기업의 변화와 도전: 한올제약의 전략적 선택』. 서울대학교출판부. 2009.
『네오위즈의 인사관리』. 서울대학교출판문화원. 2010.
『한국기업의 성과주의 인사시스템 변천』. 서울대학교출판문화원. 2010.
『다음커뮤니케이션의 전략적 인사관리』. 서울대학교출판문화원. 2011.
『현대카드 현대캐피탈의 변화와 혁신』. 서울대학교출판문화원. 2011.
『기업의 인재관리 전략: 하나금융그룹의 사례를 중심으로』. 서울대학교출판문화원. 2012.
『양손잡이 조직 웅진씽크빅의 혁신』. 서울대학교출판문화원. 2012.

서울대학교 경영연구소 기업경영사 연구총서

01 한국기업 배당정책의 변화 | 최도성 · 김성민

02 한국기업의 서비스 품질 평가제도 변천과정 | 이유재 · 라선아

03 한국 브랜드의 진화 및 발전 | 김재일

04 한국 백화점 역사 | 김병도 · 주영혁

05 한국 인터넷 기업의 변천사: 네트워크 경제의 실험과 형성 | 안중호 · 양희동 · 오상조 · 김은진

06 우리나라의 기업공시제도: 공정한 거래와 투명한 정보제공 | 윤계섭 · 허희영

07 한국 PC산업의 발전과정 | 김상훈 · 오정석

08 한국기업 해외직접투자 전략의 변천 | 이동기 · 박남규 · 조영곤 · 김동희

09 한국기업의 ERP 도입과 운영의 변천사 | 안상형 · 이창희 · 최강화

10 한국 팀제의 역사, 현황과 발전방향 | 박원우

11 기업세무전략에 대한 실증 | 정운오 · 박종일 · 박찬웅

12 한국기업의 특허전략 변화 | 송재용 · 신현한

13 한국기업 성과급제도의 변천 | 김성수 · 박찬희 · 김태호

14 한국 온라인게임산업의 발전과정과 향후 과제 | 노상규 · 위정현

15 한국 이동통신 서비스 및 단말기 산업의 변천과 발전방향 | 박철순 · 김성훈

16 우리나라의 회계감리제도 | 이창우 · 유재규 · 고종권

17 개성상인의 현대경영학적 재조명 | 주우진

18 한국 기업의 임금관리 | 최종태 · 박준성 · 이준우

19 한국 장수기업의 성공사례: 삼양사 기업경영사 연구 | 신유근

20 한국 전자산업의 마케팅 발전 과정 | 임종원 · 이한석 · 송상연

21 한국 기업의 인사평가 변천사 | 박오수 · 김기태 · 전병준

22 한국 자동차산업의 제품혁신 역사와 애프터마켓 | 김수욱

23 한국 기업의 경영 정보 시스템 변천사 | 장정주 · 권순동

24 한국 제약기업의 변화와 도전: 한올제약의 전략적 선택 | 김성수

25 사원 만족도 관리 전략: 예스코의 변화관리 | 김성수

26 한국기업의 경영사례 | 김수욱 · 이동기 · 조재호 · 김태웅 · 박재석 · 박지영 · 왕수봉 · 윤선흠 · 조정은

27 네오위즈의 인사관리 | 김성수

28 한국기업의 성과주의 인사시스템 변천 | 김성수

29 다음커뮤니케이션의 전략적 인사관리 | 김성수

30 현대카드 현대캐피탈의 변화와 혁신 | 김성수

31 기업의 인재관리 전략: 하나금융그룹의 사례를 중심으로 | 김성수

32 양손잡이 조직 웅진씽크빅의 혁신 | 김성수

33 한국 조선산업의 성공요인 | 이경묵 · 박승엽

34 대림산업의 조직문화와 인사시스템 | 김성수

35 KT의 인사시스템과 조직문화 | 김성수